IP授权商业化

入门到精通

柔侠（Rosia）/著

于仁国（Figo）/专业顾问

電子工業出版社

Publishing House of Electronics Industry

北京·BEIJING

图书在版编目（CIP）数据

IP授权商业化：从入门到精通 / 柔侠著. —北京：电子工业出版社，2020.9
ISBN 978-7-121-39704-2

I. ①I… II. ①柔… III. ①品牌－授权管理 IV. ①F273.2

中国版本图书馆CIP数据核字（2020）第189093号

责任编辑：杨雅琳
印　　刷：北京天宇星印刷厂
装　　订：北京天宇星印刷厂
出版发行：电子工业出版社
　　　　　北京市海淀区万寿路173信箱　　邮编：100036
开　　本：720×1 000　1/16　印张：17.25　字数：166千字　　彩插：3
版　　次：2020年9月第1版
印　　次：2022年8月第3次印刷
定　　价：68.00元

凡所购买电子工业出版社图书有缺损问题，请向购买书店调换。若书店售缺，请与本社发行部联系，联系及邮购电话：(010)88254888，88258888。

质量投诉请发邮件至zlts@phei.com.cn，盗版侵权举报请发邮件至dbqq@phei.com.cn。

本书咨询联系方式：yangyl@phei.com.cn，（010）88254697。

推荐序1

柔侠女士（本名武侠）接触授权行业是从她加入我的创业公司梦之城开始的，当年她带领着团队开展市场营销、IP 运营和品牌授权业务开拓等方面的工作，积累了丰富的经验。在我们成为同事之初，我就知道她有一个关于写作的梦想，没想到她的第一本成书竟然是与授权相关的。要知道，这方面的书籍在国内很少，而关于中国授权市场的具体实践和案例的书就更少了，这本书填补了市场的一部分空白。

其后，柔侠女士加入了 SMART 文创平台，作为总经理，她有机会参与更多更加丰富的与文创相关的业务实践，通过将 IP 与文旅结合，探索文创赋能地方经济，举办区域 IP 文创大赛、IP 行业教育培训等。她具有的完善的知识体系和丰富的实践经验促使她在更好地服务于文旅行业和地方经济发展的同时，也积累了更多的实践经验，获得了更多成功案例。

授权行业经过近百年的发展，已经形成了最佳实践模式，并有了约定俗成的合作形式：商品授权、主题授权、促销授权、保底金、超额分账、独家授权等，这些人们在今天听起来很熟悉的术语，是在过去的 10 年间逐步为业内人所熟悉和接受的，虽然仍有很多人用他所在的商业领域的习惯来谈授权，但逐渐地，不同的商业领域也在慢慢接受授权的规则，彼此融合和认同。我在 10 年前开始接触授权业务时，感受到了巨大的惊喜：竟然有如此美妙的商业模式，轻资产并能持续赋能许多家合作方，使其从合作中获得新的成长动能。最初开拓市场是很艰难的，相当多的精力都花在普及授权的概念上，当然我们在初期的实践中也享受到了红利。授权真正被广泛关注是从前些年的“IP 热”开始的，大量的资本涌入，在人们还没有搞清楚“此 IP”与“彼 IP”的区别时，IP 变现首先考虑的商业模式——IP 授权就成为业界的热门讨论话题，人们开始关注和学习授权是如何运营与操作的。

授权行业在中国有非常好的发展前景。改革开放 40 多年来，中国人民日渐富裕起来，消费持续升级，IP 授权在其中有很多的机会，它能在内容、设计、影响力及产品溢价等多方面赋能消费。

在新冠疫情期间，许多以出口为主的生产型企业的业务受到很大的影响，大量的剩余产能急需转移到国内，缺少品牌、设计和同消费者的联系会让更多企业考虑授权的合作模式，以弥补自身不足。

在过去的 10 年，中国授权市场取得了长足的发展，中国在全球授权行业的排名上升速度很快，尤其是在零售总额排名方面，已经有多家公司进入了前一百名，相信未来会有更多中国的企业进入。对比中国的经济规模和消费市场发展，尤其中国电影市场的发展，中国授权市场还有巨大的潜力空间可以挖掘。

新媒体为 IP 的孕育提供了必要的成长和发展条件，从最初的 QQ 表情（年轻人）到微信表情（大众化），再到短视频平台的崛起，越来越多的细分领域定位 IP 有条件发展起来，聚集粉丝，产生影响力。当下直播业务异常火爆，虚拟主播也成为一股不容小觑的力量，种草、带货，效果好、转化率高。

电子商务平台如天猫、京东等为 IP 产品的销售和流通提供了便利。10 年前，在我创业初期，还没有天猫，只有淘宝，我们自家运营的 IP 在社交网络上聚集了数十万名粉丝，我们就可以开个淘宝店把周边产品销售出去，快速形成产品流通的闭环。如今阿里鱼、京纪圈等平台，不仅提供了 IP 在线交易促进平台，还带来了供应链、营销和销售的资源，为授权合作的成功保驾护航。

从柔侠提到要写这本书时，我就很期待，读着与我共事多年的同事写的书，为之高兴的同时也很有成就感。在阅读这本书时，我看到许多熟悉的人、熟悉的案例、最新的行业发展动向。希望这本书成为人们了解授权业务并开始实践的一本必备的图书。因为授权行业是一个动态的行业，最佳实践和精彩案例时时都在发生，我们身在其中，感受着行业的精彩纷呈，所以我希望柔侠能够持续写下去，把更多的经验、思考和最佳实践记录下来并传递下去。

魔豆投资创始合伙人　**于仁国**

2020 年 7 月 18 日清晨

推荐序2

在过去的日子里，我与侠姐结下了深厚的革命友谊。文旅和文创是我们深耕多年的“赛道”，它们与 IP 授权的联系也十分紧密。两条看似疏离的轨迹，在我们举办的几次文创赛事中完美融合了。

SMART 正在致力于推动地方文化通过文创媒介打造文旅目的地，侠姐从参与者到组织者，与我们一同见证了文旅从业者对文创和区域 IP 从陌生到熟悉，再到系统化运用的推广历程。

在文旅产业发展过程中，我们一直把 IP 的创建放在项目优先级的首位，文旅目的地需要以有差异化和唯一性的 IP 先声夺人,但多数文旅企业在 IP 创建和剧本创作方面还处于初级阶段，通过文创大赛的切入，对在地文化的 IP 进行梳理与优化，将成为未来很多文旅项目的标准行为。

在我和侠姐共同经历的项目中，南京高淳的五猖非遗 IP 设计竞赛，为广大从业者与在地政府打开了一扇窗，使吕家村借助非遗 IP 在众多乡村振兴项目中脱颖而出，形成自身的独特抓手，也为后续的民宿、工坊、餐饮等找到了核心主题元素。在海南省三月三黎苗非遗文创竞赛中，传统黎苗文化语汇经过文创的转化，形成了具有当地特色的众多时尚产品，如具有黎苗文化特色图案的袜子、丝巾等让游客爱不释手，一众依托黎苗文化而设计的动漫 IP 形象又进一步拉近了年轻人与传统文化的距离。一场文创竞赛，解决了传统文化传承及旅游产品创新的问题。

通过多次组织文创赛事，侠姐在文创授权领域的理论得到了大量实践的检验。SMART 一直以来相信群体智慧的力量可以创造多元化的解决方案，也得以让我们为很多年轻的文创团队提供从培训到辅导再到商务方面的全链条的服务。在这一过程中，文创产品及 IP 授权商业化理念在政府、企业、机构的合作协同中都起到了重要作用，也完成了自身的不断迭代。

虽然文旅、文创产业跨越了诸多行业，覆盖范围极广，但随着文旅融合，IP 授权在商业运营中的地位不断提高，授权理论将成为这一产业中的一条隐形金线，串联起众多关键环节，形成价值闭环，期待侠姐在这一领域继续不断进取，为授权行业做出更多贡献！

SMART 度假产业专家委员会秘书长
AIM 国际设计竞赛组委会主席　**王旭**
清华大学文创院文旅研究中心执行主任
2020 年 7 月 18 日于北京

推荐序3

我从 2006 年跨入 IP 授权行业，迄今已经 14 年了，说我的大部分青春岁月都奉献给了这个行业也不为过。我们这代人经历了从中国市场很少有人知道授权，到今天大家都对 IP 授权趋之若鹜和视若珍宝的变化。经过这十几年的探索，授权产业在国内蓬勃发展，日益繁荣。十几年的时间，我仍不认为自己已全部了解这个行业的要点，仍觉得这个行业还有非常非常多的知识需要我深入学习。

中国授权市场应该是全球发展最快的市场，同样也是变化最快的市场，例如前两年我们看到潮流玩具和盲盒突然涌现，接着铺天盖地的直播带货把所有的人都“搞晕”，如果说 2019 年的行业关键词是盲盒，那么 2020 年的行业关键词就变成了直播带货，每年都会有新鲜的产物在这个行业里涌现。10 年前我们在做授权的时候，研究的渠道是沃尔玛、家乐福，到了 2013 年，我们就必须关注电商渠道，到了 2020 年，私域流量、短视频、直播又成了我们必须学习的新的知识点。每一个授权行业从业者，都应站在市场的最前沿，如能看准变幻莫测的市场机会，即可创造品类授权的奇迹。

这是一个充满魅力的行业，充满创意，充满变化，充满生机。在这个行业中，我们可以不断地挑战自己，不断地否决自己，不断地提高自己的商业嗅觉，发现潜在的生意机会，把创意能力发挥到极致，与授权商一起，与被授权商一起，与媒体平台一起，合作共赢，一次又一次开创新的授权成功案例。

经过这么多年的推广与发展，我们欣喜地看到，授权业务模式本身的强劲生命力吸引着越来越多的小伙伴加入这个行业。当大家满怀热情地加入时，会发现面临着不少问题：版权金比例多少是合适的？签约年限多少是合理的？如何找到靠谱的合作伙伴……希望本书可以帮助各位小伙伴消除一些新入门时的困惑，通过从书中学习最基础的授权理论知识，然后再加以发挥，成为这个行业的专家，推动行业的发展。再次感谢柔侠孜孜不倦地书写与研究，弥补了授权行业在基础授权知识体系方面的空白。

天络行 CEO
泰迪珍藏 IP 主理人
张丽华（Coco Zhang）

自序

2017年4月最高人民法院发布了《中国知识产权司法保护纲要（2016—2020）》,《2019年国务院政府工作报告》明确要求全面加强知识产权保护，2019年国务院办公厅印发《关于强化知识产权保护的意见》，都彰显出知识产权保护在中国日益受到重视。授权行业在此背景下迎来了发展新机遇。

国际授权业协会与中国玩具和婴童用品协会的行业报告显示，2020年授权行业在全世界的商品零售额增长至近3000亿美元，中国本土达到了近1000亿元的规模。随着中国市场的发展，对于IP授权合作的市场需求也越来越多，与此同时，行业人才的稀缺性也变得越来越高。虽然很多行业前辈分享了各种授权案例，但是如果没有专门学习或者实践过IP授权基础知识，新进入从业者很难“入门”。所谓知其然，更要知其所以然，但专门讲 IP 授权基础知识的书籍并不多，很多行业知识需要从业者在实践中去累积和转化，新进入从业者必须自行学习，这个挑战确实不小。

授权行业的新进入从业者普遍存在如下疑惑：授权该如何去谈，IP 按何标准收费，如何寻找被授权商。在我的从业生涯中，我多次被咨询应该如何去签一个适合自己企业的 IP。我们需要明白的是，每个领域都有自己的专业知识和专业语言。如果我们不理解数学公式，就很难解出数学题；如果不会讲英语，就无法和只会讲英语的人顺畅交流；如果不懂计算机语言，就没有办法顺利地完成人机交互。因此，授权行业从业者需要掌握和学习很多的基础概念和专业术语。授权行业已形成一个完整的知识体系，从业者只有了解了这个行业的现状和基础知识，才能顺利地推动项目的开展。

为什么没有一本结合中国本土 IP 授权发展情况的基础指导手册呢？在刚入行的时候我就有这个困惑，也一直没有发现一本能够给新进入从业者提供指导的专业书籍，大家都是摸着石头过河，或者向老牌企业出来的前辈们求教，或者自己和被授权商互相博弈。近几年终于有一些 IP 相关著作面世，但是有的著作对于新进入从业者来说难度较高，有的著作与中国 IP 授权目前的发展情况不贴合。虽然有很多专家从不同维度关注过 IP 的发展，但是大多数专家的关注点仍在 IP 打造和传播的层面，市场上缺少以 IP 授权商业化为切入点的本土著作。于是我一直在想，应该结合国外与中国的发展现状和现实案例，结合自身在一线的实战经验，将 IP 授权基础知识进行汇总与整理，并将其普及给热爱 IP 授权、希望了解更多 IP 授权知识的人们。经过不断调研、学习和走访，历经两年多时间，我终于完成了从初步计划到落笔成书，个中艰辛，唯有自知。

正值本书付梓之时，我由衷向为授权行业发展做出巨大贡献与付出巨大努力的优秀授权人表示感谢，正是由于你们的共同努力和引领，才让一个新兴的行业变得充满朝气和生机。特别感谢授权行业前辈于仁国老师对本书提供的专业指导和建议。正所谓求知无涯，有更多行业知识等待我们一起去完善和探索，我仅以个人微薄之力，作抛砖引玉之用，与各位共勉。

柔侠（Rosia）

2019 年 12 月 25 日星期五　于北京

目录

第一部分　授权行业的知识基础

第五部分　全球知名 IP 授权商业化案例

第六部分　附录：IP 授权必备知识清单

第一部分

授权行业的知识基础

001

品牌：授权行业的核心关键

提起品牌，大家都有着自己的认知，有人认为品牌即战略、即体验、即产品，有人认为品牌即管理、即符号、即口碑、即形象等，不同的行业、不同的角色，对于品牌的定义是千差万别的。

品牌（Brand）一词来源于古代欧洲的文字“brandr”，它的中文含义是“烙印”。在当时的社会环境下，游牧部落在马背上打上不同的烙印，从而区分自己与他人的财产，这是当时为商品命名的方式，传达的意思是有独特“烙印”的牲畜是属于我的，别人的烙印和我的烙印是有区别的。现代品牌的概念逐渐由此延伸而来。

随着时间的推移，到了1960年，美国营销学会（American Marketing Association）给出了品牌的定义：“品牌是一种名称、术语、标记、符号和设计，或是它们的组合运用，其目的是借以辨认某个销售者或某销售者的产品或服务，并使之同竞争对手的产品和服务区分开来。”从此，我们可以更加细致地了解品牌所涵盖的范围。现代营销学之父科特勒在《市场营销学》中指出，品牌是销售者向购买者长期提供的一组具有特定的特点、利益和服务的允诺。美国定位大师杰克·特劳特和艾里斯·本认为，品牌是心智，是在人们心目中和头脑中占据的位置。

品牌授权的起源可以追溯到1929年，迪士尼创始人收到300美元，作为允许客户将米老鼠的形象印在其生产的产品上的费用，自此开启了品牌授权的大门。品牌授权正式规模商业化始于20世纪70年代的美国，逐渐发展成为成熟的商业模式。

在授权行业中，当前所指的品牌其实和传统意义上的品牌并不完全一致。尤其在最近几年，品牌授权逐步衍生出 IP（Intellectual Property，知识产权）授权，我们对于品牌的理解也在不断发生着变化。品牌本身具有广义和狭义之分。授权行业中的品牌，指向的是具有一定知名度、商业价值及独特性且可以被授权给第三方使用的知识产权。

在如今这个科技高速发展的时代，授权行业也越来越受大家的重视。其实，并不是所有的品牌都可以被授权，但是很多品牌可以和授权产生更多的关联。不论品牌授权，还是最近几年人们常说到的 IP 授权，都是一种符合当今时代发展需要的商业化手段和商业模式。授权行业中的各个主体，通过买卖或租赁方式，赋予了品牌及 IP 更大的经济价值。有资料显示，在《财富》杂志所列的“全球最大 500 家公司”中，与授权业务有关的超过三分之一。有人认为品牌授权是一种全新的营销方式，也有人把品牌授权称为 21 世纪有前途的商业模式之一。

小互动

分享一下你理解的品牌吧，你了解哪些品牌授权的案例呢？

002

IP：统一授权行业的语境和话术

- IP 化的品牌更容易实现深层次的商业化。
- IP 为品牌服务及赋能，是品牌的深化和升华。
- 在授权行业特定范围内，品牌等于 IP。
- 传统意义上的品牌不一定具有授权行业所说的 IP 属性。

前文我们提到，除了品牌授权，人们现在也经常提到 IP

授权。品牌和 IP 到底有什么联系呢？在授权行业里，IP 到底是什么意思呢？事实上，IP 同样有广义和狭义之分，而且不同国家和不同领域的人对于 IP 的理解也各不相同。

在几年以前，在中国大多数人的认知中，IP 是指 Internet Protocol，即互联网协议，最直接的联想就是网络的 IP 地址。而当前中国文化创意及授权行业中的 IP，并不是指互联网协议，即在汉语的语境内，IP 的意义发生了变化。授权行业里常说的 IP 是英文 Intellectual Property 的简称，直接翻译为知识产权。IP 在汉语语境内常被使用的行业集中在文化相关产业，如旅游业、影视业、动漫业、文创业、游戏业和出版业等。

国内与 IP 相关的法律通常被称为知识产权法，主要包括《中华人民共和国著作权法》《中华人民共和国商标法》和《中华人民共和国专利法》三部法律。在吴汉东老师主编的《知识产权法学》一书中我们可以了解到，如果追溯 IP 的历史，“Intellectual Property”一词最早由法国学者卡普佐夫在 17 世纪中叶提出，后来由比利时著名法学家皮卡第发扬光大，他将其定义为“一切来自知识活动的权利”。1967 年《世界知识产权组织公约》签订，IP 这一概念逐渐在全球普及。到了 20 世纪 90 年代，美国动漫产业逐步兴起，影响比较大的是 DC 漫画的《超人》和《蝙蝠侠》等系列。2015 年以后，IP 在中国市场开始被广泛运用，从文学创作、衍生品开发到影视动漫，从自媒体推广到品牌营销，IP 的概念逐步进入大众视野。在我看来，有产品不一定有品牌，有品牌不一定有 IP。

品牌和 IP 的差异如下：

- 从核心构成来讲，市场上的商业品牌一般以企业为核心，依托于某一个具体的产品或服务，IP 则更多与故事、文化、内容、价值观和人格塑造等相关联。
- 从打造方式来讲，品牌主要关注产品如何满足顾客的需求，围绕产品特点、用户痛点和痒点等表达品牌主张和理念。IP 打造更偏重艺术价值的创造和情感连接、历史价值的当代实现，以及 IP 人格的三观建设、故事演绎、形象设计、背景呈现等方面。
- 从持续时间来讲，品牌和 IP 的生命周期持续时间有所区别，虽然在个体上不好区分最终谁长谁短，但总体来说，IP 因为有着更深层的内容和价值观，一般会比品牌的持续时间更长。以公司 A 为例，若因为公司经营问题，A 公司破产清算了，那么，A 品牌的生命周期也随着公司的破产而结束，但是之前 A 公司创造出来的动画或电影故事等 IP 还可以依然留存并产生相应的价值。二十世纪福克斯（20th Century Fox）于 2019 年被迪士尼收购以后，虽然“二十世纪福克斯”品牌的生命周期结束了，但是其旗下的《阿凡达》《泰坦尼克号》《猩球崛起》《贫民窟的百万富翁》《小鬼当家》《星球大战》等经典作品的 IP 生命周期还在一直延续着。

我们再来聊聊品牌和 IP 的关联：

- 从品牌的角度来讲，IP 是品牌打造的一种新的方式和工具。换句话说，不是所有品牌都可以叫作 IP，但品牌可以打造成为 IP，说得再直白一些，IP 是品牌进化和深化的高级阶段，通过内容、形象、价值观等对用户的心智产生影响，并与用户产生感情上的关联。我们可以举两个例子：江小白与三只松鼠。江小白是受众主要为年轻人的白酒品牌，三只松鼠是一家靠电商起家的坚果品牌。它们都是通过将人格化的 IP 与内容和营销结合，让大众接受它们、喜爱它们的。如果只是以江小白或三只松鼠几个字作为品牌的话，消费者很难直接在情感上与其产生共鸣。

- 从打造的时间和内容角度来讲，品牌和 IP 都需要经过时间的沉淀，且品牌可以向 IP 转化。当品牌开始通过生产内容和塑造人格来表达而非单纯以产品和服务来实现价值主张，并开始逐步开展 IP 化运营时，就完成了从品牌向 IP 甚至超级 IP 的转化。IP 可以在绘画作品、艺术品、小说、动漫、游戏、电影、电视剧、舞台剧等各种文化创意形态里呈现，可以跨越品牌行业和时代。例如，神话和历史故事本身及其经典人物，既是中华民族的精神财富，也是有待持续开发的巨大的 IP 宝藏。我们耳熟能详的《西游记》《封神榜》等都可以被称为 IP。
- 从受众角度来讲，随着经济的发展和“9000 岁”（90 后和 00 后）快速崛起，一个品牌要想长久发展且吸引到新一代的用户关注的话，最好孵化属于自己的 IP。《进取的 00 后——2019 腾讯 00 后研究报告》指出，年轻人更容易受到 IP 产品的吸引，77%的 00 后容易为有自己熟悉或喜欢的元素的产品付费，与动漫、学习、游戏等结合的产品更容易吸引 00 后的注意。

在授权行业，我们所说的品牌授权和 IP 授权，大多是指两个概念相交的那部分内容，它们共同的特质是：要经过时间沉淀，有知名度、好内容、好形象、正能量，有粉丝基础及转化率，有超级符号及记忆点，有可提炼的商业价值（容易商品化且可变现），有法务上的可操作性，有视觉内容的可辨识度、风格行为的可记忆性、商品内容的可延展性等。

小互动

你认为品牌和 IP 的区别有哪些？请举例说明。

003

可做授权的 IP：并不是所有 IP 都能做授权

适合做授权的 IP 主要分为两大类，一类是内容类 IP，另一类是形象类 IP，这也是陈格雷老师在《超级 IP 孵化原理》一书里所讲述的 IP 的两个分类方向。即在授权行业里，内容类 IP 和形象类 IP 是适合做授权的。

内容类 IP，大多有原创的文学、音乐、游戏、动漫或影视作品等作为内容基础，一般按照该 IP 最初诞生的方式对其进行区分。

但随着内容类 IP 的逐渐成熟，内容类 IP 在彼此之间会进行互相转换，变成综合性 IP，且综合性 IP 会涵盖文学、音乐、游戏、动漫、影视等几个方面。例如，游戏类 IP《魔兽世界》被改编为电影，小说类 IP《古剑奇谭》被改编为影视和游戏等。

内容类 IP 细分如下：

- 文学类 IP：《大主宰》《诛仙》《凡人修仙传》《哈利·波特》《红楼梦》等。
- 游戏类 IP：《王者荣耀》《和平精英》《英雄联盟》《拳皇》《魂斗罗》等。
- 影视类 IP：《哪吒之魔童降世》《那年花开月正圆》《西游记》《阿凡达》《这就是街舞》《锋味》《我是歌手》《王牌对王牌》《快乐大本营》等。
- 动漫类 IP：《海贼王》《超级飞侠》《小猪佩奇》《七龙珠》《罗小黑战记》《皮揣子》《非人哉》等。
- 综合性 IP：精灵宝可梦、漫威英雄、DC 英雄、美少女战士、孙悟空等成熟 IP。

形象类 IP，一般以企业、区域、文旅、赛事活动、个人、虚拟形象和设计等为基础。

- 企业类 IP：京东狗 Joy、天猫小黑猫、腾讯 QQ family、海尔兄弟、知乎刘看山等。
- 区域类 IP：日本熊本熊、日本群马的小马、西安的唐妞、杭州的西子猫猫、海南的波波椰等。
- 文旅类 IP：故宫、大英博物馆、国家博物馆、长隆主题乐园、美国常青藤大学等。
- 赛事活动类 IP：NBA、英超、奥运会、亚运会、文博会、世博会等。
- 个人类 IP：猫王、迈克尔 · 杰克逊、玛丽莲 · 梦露、周杰伦、董明珠、李佳琦等。
- 虚拟形象类 IP：初音未来、洛天依、一禅小和尚、萌芽熊、猪小 P 等。
- 设计类 IP：Hello Kitty、泰迪珍藏、KAWS、Molly、Smiley、B. Duck 等。

一般而言，可做授权的 IP 相对来说比较成熟，处于孵化期的 IP 是无法马上实现商业化的。还有一个比较重要的条件是，IP 需要有完善的风格指南或图库作为支撑才可以做授权，如果只有几张平面图，同样无法做授权。另外，有些内容类 IP 和形象类 IP 不适合做授权或发展衍生品，如经典恐怖电影《咒怨》《闪灵》《山村老尸》等，虽然它们都比较有知名度，也在电影行业有极高的口碑，但是不适合做授权，因为大众不是特别愿意为此类 IP 的衍生品买单。

小互动

想一想还有哪些 IP 不适合做授权。

004

授权：此授权非彼授权

在授权行业中提到的授权，不是在我们工作中常听到的领导者授予一个员工某种权利去执行某项工作的管理学中的授权，这种管理学中的授权，英文为 Empowerment，是领导者通过为员工和下属提供更多的自主权，以达到组织目标的过程，是领导者智慧和能力的扩展与延伸，必须遵循客观规律和原则，这种授权过程是科学化和艺术化的过程；也不是在我们去刷信用卡时用到的授权，这里的授权英文是 Authorization。

在授权行业中，我们所指的授权是 Licensing，词典释义为批准、许可、颁发执照，给其他人颁发许可。

那么先让我们来看一下品牌授权（品牌许可）的意义。

品牌授权指授权商将自己所拥有或代理的商标或品牌等以合同的形式授予被授权商使用；被授权商按合同规定从事经营活动（通常是生产、销售某种产品或提供某种服务），并向授权商支付相应的费用，即权利金或版权金；同时授权商给予被授权商在人员培训、组织设计、经营管理等方面的指导与协助。简单一点理解，就是把版权授予别人，也就是知识产权的买卖或租用，一般也被称作 IP 授权，被授权商可以根据版权作品的内容进行周边衍生品的创作或服务的开发等活动。

南极人是中国知名的内衣服饰品牌，过去我们经常在传统的媒体上看到南极人的广告。南极人是中国做品牌授权或者说商标授权、品牌租赁比较早的企业，后来基本上关闭了自己的生产线，专心经营品牌业务，从而让更多的工厂和店铺为其品牌买单。这种运营方式不仅降低了自己的成本，还拓宽了南极人品牌的品类。现在，我们可以看到更多关于南极人的产品，如外套、童装、冲锋衣、书包、儿童车等。南极人的店铺基本都是经销商在运营的，标着官方直营的旗舰店也是授权运营的。截至 2019 年年底，南极人的合作供应商将近 1000 家，合作经销商超过 4300 家，授权店铺多达 5500 家。虽然广泛授权品牌带来了很多负面新闻和产品质量问题，但是不能否认，南极人确实在电商和授权上做得很成功。有数据显示，2019 年，南极人品牌电商综合服务业务收入接近 9 亿元。

在授权行业里，可以作为商业主体产生价值的授权品类非常多，一般包括出版发行、名人授权、企业品牌、高校、娱乐业、音乐、NGO、时尚、体育和线下实景娱乐体验项目（Location-Based Entertainment，LBE）等。从授权的形式来说，可以分为营销推广授权、产品（商品）授权、内容授权、空间授权、通路（渠道）授权、促销授权等。在后面的章节，我会和大家详细谈谈这些授权的区别和联系。

小·互动

授权业务对授权商和被授权商的商业价值何在?

005

授权商和被授权商：授权行业的两大主体

授权商和被授权商是授权行业的两大主体。

授权商，是 IP 版权的拥有者，有权将自己的 IP 版权授予其他人合法使用并获得相应的版权金。

被授权商也被称为被授权方、拿授权方、拿 IP 方，即通过合约，从授权商手里合法取得某项品牌、商标或版权的使用权，并开发出相应的产品或服务，同时要支付费用给授权商。被授权商是授权商的合作伙伴或对应的一方。

一般被授权商会有几种角色。一种是直接进行生产的工厂，因为在中国有很多产品生产带，如义乌的小商品、青岛和扬州的毛绒、东莞的盲盒手办、广州和温州的服装、汕头澄海的玩具等，工厂会作为被授权商去和授权商进行授权合作，直接与授权商签约后进行生产与分销。另一种是没有自己的工厂，但是有品牌和销售渠道的企业，这些群体也会与授权商合作，签署授权协议后，它们会找自己的合作工厂进行产品的生产。这个时候工厂只是在“接活儿”，也就是常说的OEM，在这种情况下，工厂没有被授权商的身份，大多也没有商品的销售权利和义务。前文说的被授权商的角色是针对商品授权而言的，授权有很多种合作方式，被授权商可以是工厂、销售企业，还可以是出版社、商场、各大网站平台，或者是产品品牌方本身。例如，国内某家企业要开一家芭比娃娃主题餐厅，那么这家企业就是被授权商，芭比娃娃的版权方美泰公司就是授权商；假设海绵宝宝的版权方在某商场举办了一场主题展，那么海绵宝宝的版权方就是授权商，该商场就是被授权商。

授权商和被授权商的合作是基于对对方品牌的认可，为了共同实现商业价值的转化而达成的，两者是共赢共生、相辅相成的合作关系。

小互动

被授权商一般主要来自哪些行业?

006

产品授权：生活中随处可见的授权

大家可以回忆一下自己都买过什么样的授权产品。如一件印有米老鼠的毛衣、一把刻有白雪公主的梳子、一个印有超级飞侠的旅行箱等。这些产品，可能随时会出现在我们的生活当中。这就是我们通常所说的产品授权，或者叫作商品授权。产品授权需要满足下面几个条件：

➢ 以销售为目的。

➢ 有销售的渠道。

➢ 有使用的场景。

产品授权是大众所能接触到的最广泛和最常见的授权形式之一，它包括很多的品类，如服装鞋帽、流行配件、玩具、运动用品、箱包、办公用品、家居用品、电子产品及周边、软件、食品、礼品和交通用具等。

授权产品的销售渠道也比较广泛，主要包含线上销售渠道和线下销售渠道。线上销售渠道包括各大电商平台、小程序、线上社群等；线下销售渠道包括商场超市、专卖店、集市、展会等。授权产品的零售额，是衡量该 IP 市场营销力的重要标准。产品授权可以使 IP 得到更加直接的推广和曝光。当人人手里都有一支小猪佩奇手表时，说明这个 IP 已经人尽皆知了。所以对于授权商来说，在做授权规划的前期，一定要准确把握自己 IP 的特点和定位，认真规划产品授权的范围和方向。

产品授权案例一：《冰雪奇缘》

电影《冰雪奇缘 1》诞生于 2013 年，是美国迪士尼成立 90 周年纪念作品，上映后取得了巨大的成功，经过几年的发展就进入了全球最赚钱的 IP Top50。2019 年《冰雪奇缘 2》上映，虽然在口碑上无法超越第一部，但是也取得了非常大的商业成功。《冰雪奇缘 1》的全球票房是 12.8 亿美元，《冰雪奇缘 2》的累积票房已经接近 15 亿美元，登顶全球动画票房冠军。电影相关衍生品收入占到总收入的将近 85%。冰雪奇缘公主裙在上映第一年就卖出了 300 万条，创造了 4.5 亿美元的收益，其他相关衍生品的收入累积已经超过了 100 亿美元。

产品授权案例二：故宫

作为中外游客到北京的必打卡景点，故宫已经有 600 多年历史了。但谁都没想到，近几年，故宫从传统的景区华丽转身为文创和授权业界的一匹黑马，于 2017 年创下年度衍生品收入 15 亿元的神话，让整个行业为之振奋。2013 年，故宫管理层受到了文创产品经济效益的启发，着手组建了文创团队，不断挖掘和推出了一系列带有“宫廷”“卖萌”“搞笑”等设计理念的全新的文创产品，使故宫成了炙手可热的“网红”。2018 年，故宫推出 6 款口红产品，上线两天就全部售罄，再次引起了业内的热烈讨论。现在，故宫文创产品种类已经超过上万种，同时，授权合作业务也在广泛展开，成为文创行业的标杆和旗帜。

需要注意的是，授权商在进行产品授权的时候，如果涉及食品、化妆品、儿童用品及玩具等，一定要做好被授权商的背景调查，如果其曾经有过负面信息或其产品之前并没有在市场上销售过，一定要充分考虑，谨慎合作。一旦出现质量问题，会直接影响 IP 的信誉和声望。

小互动

你最近购买过带有 IP 的产品吗?

007

促销授权：销量暴增的法宝

促销授权是授权商将 IP 授权给商家做成促销产品，收取相应版权金的行为，是一种常见的授权模式。促销产品有时候也被称为礼赠品，即能促进主推产品销售的产品。顾名思义，赠品、非卖品、促销产品，不是单独花钱可以买到的，而是通过与促销手段结合才可以获得的。促销产品的特点总结如下：

- 不是单独销售的商品。
- 需要与促销手段结合。

➢ 目的是促进主推产品的销售。

促销产品的使用方式即到达消费者手里的方式一般分为以下三种：

➢ 纯赠品。

➢ 买赠品。

➢ 换购品。

我们在逛街的时候，会遇到很多与促销授权相关的活动。

纯赠品是指只要买了主推商品，就可以无条件地获得的赠品，不需要额外消费。纯赠品通常会和主推商品打包在一起销售。例如，我们买了一箱牛奶，会得到一个带有 IP 的小杯子；我们买了大容量的洗发水，会获赠一款小容量的洗发水等。

买赠品一般是指满足某项消费条件后获得的赠品，通常以促销活动来呈现，如消费满 199 元赠送一个毛绒玩具或满 3000 元赠送一个旅行箱等。

换购品是指在活动中，消费满一定金额可以进行换购而获得的商品，有时候是免费换购，也有时候会加钱换购，最常见的就是我们在麦当劳或肯德基买套餐时，通常可以换购一些带有 IP 的小玩具，或者去商场和超市消费满一定额度，就可以换购某件商品。

促销授权的规模一般都比较大，其目标客户规模较大，同时具有时效性，会在特定的时间内进行，如在节庆或产品保质期临近的时候。所以将 IP 做成授权产品对于授权商和被授权商双方品牌的曝光和变现来说都是有益处的。

如何就促销授权的版权金达成共识呢？因为一般的促销产品都是非卖品，没有具体的价格（有一些合作会买现货商品做促销产品，那种情况不在我们目前讨论的范围内），所以授权商在和被授权商沟通的时候需要将条款和使用途径提前沟通清楚。还要注意的是，被授权商有可能是产品厂家，也有可能是产品销售代理商，两种身份不太一样，签约前，授权商需要明确被授权商的身份，以免造成不必要的麻烦。版权金可以采用一口价形式，也可以参考该促销产品的出厂价按比例计算，在版权金的章节里我们会更详细地介绍版权金的计算方式。

小互动

你会因为促销产品而花钱买一些商品吗?

008

内容授权：让好故事发光

很多 IP 是通过内容变现的，如音乐、音频故事、动画、漫画、电影、小说、图书绘本等。授权商将自己的作品授权给网站、媒体、出版社等平台使用，或者因商业合作目的授权给其他被授权商并收取一定费用的行为被称为内容授权。

内容授权包含但不限于内容发行。内容发行更偏向于将作品在影院、电视台、网站、OTT 渠道等进行较为正式的发布，其实也相当于授权商将自己的作品授权给被授权商。

内容授权的一个应用场景是授权商将自己的作品授权给其他商家使用并收取版权金。例如，某连锁餐厅与《熊出没》授权商签署了主题店的合作协议，同时餐厅希望在全国200家门店里播放《熊出没》动画片，这样的使用场景即内容授权。又如，某在线学习App，联合《超级飞侠》出一款线上教学的课程，需要通过原动画片的情节进行课程的开发，这一模式也属于内容授权。再如，某玩具厂要出一款带屏幕的故事机，需要将《小鸡彩虹》动画片植入设备中，这也是内容授权的一种形式。内容授权通常会和其他形式的授权结合在一起。

在进行授权合作的时候，有的被授权商需要对原来的内容进行加工处理或改编，所以在商务洽谈的阶段，双方一定要提前沟通，讲清楚诉求，避免在落地实施的时候产生分歧。

如果被授权商需要在合作中使用IP形象素材以外的内容，也需要在前期商务沟通时明确地提出来，这些都是双方在正式合作前需要明确的事项。

内容授权的另一个应用场景与游戏相关。很多内容授权商，包括动漫、影视、小说等，都会与游戏公司合作，将自己的内容和 IP 形象授权给游戏公司使用，开发整套对标的游戏，如《爸爸去哪儿》《甄嬛传》《楚乔传》《我是歌手》等。伽马数据发布的《2020—2019 年移动游戏 IP 潜在价值评估报告》显示，在 2019 年流水 Top100 移动游戏产品中，七成产品拥有 IP，流水占比达到 65%。除了长线运营的《梦幻西游》《大话西游》等产品，近年上线的 IP 新品也具备较强的活力，如《和平精英》《完美世界》《跑跑卡丁车官方竞速版》《QQ 飞车》《妖怪名单》等产品，IP 游戏市场始终具备着较强的活力，后入者也存在一定的市场机会。从全球重要市场的 Top50 移动游戏产品来看，IP 改编移动游戏产品占据了较大的市场份额，约六成，在中国、日本、美国三大主要移动游戏市场，IP 改编移动游戏产品也扮演了重要的角色，且具备了一定的市场增长空间，未来全球性 IP 改编移动游戏产品数量也将得到提升。

小互动

你认为最成功的内容授权案例是哪个?

009

空间授权：令人愉悦的线下体验

无论以小猪佩奇为主题的乐园，还是以蛋黄哥为主题的餐厅，或是以魔道祖师为主题的“云深不知处”快闪店，以及各大酒店的 IP 主题房间，它们都涉及空间授权。空间授权又称“主题空间”授权，或者 LBE（Location-Based Entertainment）授权。从字面来分析，空间授权就是授权商将 IP 授权给被授权商，主要应用场景为线下实体空间，包括餐饮（餐厅、奶茶店、咖啡厅、冰室等）、商场（快闪店、主题美陈展、主题艺术展等）、零售店铺（服装店、箱包店、化妆品店等）、娱乐实体（娃娃机店、儿童乐园、游乐场、KTV、密室、电玩城等）及酒店等。

空间授权按照合作时间可以划分为短期空间授权、中期空间授权和长期空间授权。

短期空间授权的合作时间一般是 1 个月到 1 年，一般来说，我们看到的快闪店、商场主题美陈展都属于短期空间授权，因为逛商场的消费者大多喜欢新鲜的主题，所以如果持续时间太长的话可能会影响整个展的效果。商场主题美陈展的时间一般是 1～3 个月，大部分会控制在 2 个月以内，围绕一个主题来举办，如商场店庆、春节、情人节、儿童节、暑期、中秋节、国庆节、圣诞节、元旦等。

中期空间授权的合作时间一般来说为 1～3 年，以实体店铺的形式为主，如主题面包店、主题奶茶店、主题娃娃机店或酒店的主题房间等。

长期空间授权的合作时间一般是 3 年以上，且前期投入会比较大，以游乐场、主题乐园、田园综合体等为代表，如成都阿狸田野乐园。

空间授权按照规模可以划分为小型空间授权、中型空间授权和大型空间授权（见表 1）。

表 1　空间授权按规模分类

分类	面积
小型空间授权	1000 平方米以下
中型空间授权	1000～10000 平方米
大型空间授权	10000 平方米以上

在本书中，要特别分享的是空间授权的典型代表——主题美陈展，又被称为装置展和装置艺术展，是空间授权项目里面最为多见的一种形式。一般此类合作主要在商场、街区和景区等人流量大的地方落地，其功能是吸引客流、带动销售、制造话题、吸引大众关注。主题美陈展一般会涉及场地方、授权商、主题策划方（公关公司、广告公司）、搭建运营方几个主体。主题美陈展的合作分为以下几种形式。

➢ 授权商主推模式。采用这种模式的，有可能是因为授权商的 IP 还不太知名，希望通过线下活动进行曝光，这也是新兴 IP 经常使用的一种方式；也有可能是因为 IP 进入宣发阶段，如电影上映、新剧上线等，需要线下活动来增加曝光率并带动话题。此时的物料和搭建成本需要由授权商承担。

- 授权商+主题策划方（公关公司、广告公司）+场地方三方合作模式。大多数商场（场地方）每年都有固定的营销费用，所以空间授权的大部分收益来源于这部分营销费用。在大多数情况下，商场会委托指定的公关公司或广告公司承接主题美陈展的落地和执行，有时候也会找几家公关公司或广告公司进行比较然后选择其中一家。商场一般会选择知名度比较高的 IP，由授权商和公关公司或广告公司签约、公关公司或广告公司和商场签约。授权商收取版权金并负责检修和审核，策划和运营都由公关公司或广告公司完成。在付款流程中，商场付款给公关公司或广告公司，公关公司或广告公司付款给授权商，通常公关公司或广告公司会垫付一些成本。
- 授权商+场地方直接合作。在这种合作模式下，主题策划方（公关公司、广告公司）承担的职责转给授权商和场地方承担。在这种合作模式中，授权商可以拿到更高的预算、获得更高的收益，但是需要花费更多的心血和精力，若授权商的团队不健全，很难直接和商场等场地方合作。

主题美陈展的主要成本包括 IP 版权金、展览策划费用、场地费用、搭建费用、运营费用，这几项费用比较灵活地分布在不同的合作模式里。主题美陈展的收入一般来自商场的营销费用、展览门票和衍生品促销。值得注意的是，不管由谁负责搭建，最需要考虑的是展览的安全问题，既要保证展览物料自身的环保性，还要考虑拆装工人的安全及在展览期间参观和互动的消费者的安全。一定要采取各项措施和预案保证展览的安全举办，并提前购买相关的保险。

小互动

近三年内让你印象最深的主题展是哪一场？为什么会印象深刻呢？

010

通路授权：渠道为王

分销通路也被称为分销渠道，是指产品或服务在从生产者向消费者转移过程中所经过的、由各中间环节联结而成的路径。所以通路授权（Place Licensing）也被称为渠道授权，授权商和被授权商在合作的时候，将整个产品销售的渠道进行了整体的约定、限定及授权许可，通常也会指渠道和店铺加盟的授权，主要包含线上通路和线下通路两种。线上通路指各大电商平台的店铺或专营网站，例如，大嘴猴版权方授权某家电商开办一家大嘴猴儿童服饰店，B. Duck 版权方授权某家合作伙伴开设一家线上服装店等。线下通路主要是指超市、商场、专卖店、专柜、游乐园等实体的销售通路合作。通路授权更加偏重的是对于 IP 商品的销售。

我们一起来看两个案例。

《蓝猫淘气 3000 问》系列动画片于 1999 年上映，后来在全国 1000 多个电视台播出，在当时造成了全国范围内的轰动。在动画片取得成功之后，蓝猫版权方开始走开店的路子，在连锁店概念还未普及的时候，蓝猫专卖店已经风靡全国了，在一段时期，蓝猫专卖店在全国达到了 2300 多家，几乎各地都有蓝猫专卖店的影子。当年只要 5 万元加盟费和几十万元进货费就可以开一家蓝猫专卖店，其实这已经属于通路授权的模式，可惜好景不长，因为蓝猫版权方没有做好对品牌的管理和对加盟店铺的监管，最终导致蓝猫专卖店大规模闭店。2004—2007 年，这些店铺因为经营管理和产品品质原因全部关闭了。虽然这是一个令人惋惜的案例，但是蓝猫也确实代表了一个时代，具有里程碑式的意义：它是中国第一个商业化的 IP，也是第一个贩卖“周边”授权线下店铺进行商业化的形象。

大嘴猴是由美国设计师 Paul Frank 创作的大嘴巴猴子形

象，其实这只猴子的名字叫作 Julius。虽然品牌名为 Paul Frank，但中国的粉丝们更愿意称呼这个品牌为大嘴猴。2009 年，中国企业红纺文化获得该品牌的单品项授权，成为被授权商后开发打造了大嘴猴潮牌服饰产品。2015 年 6 月 15 日，红纺文化斥资数亿元与美国 SABAN 集团签署 Paul Frank（大嘴猴）品牌大中华地区独家代理（全品类独占许可），开启了大嘴猴的品牌授权业务。大嘴猴商品在全球各地进行销售，有几百家实体授权店铺，在天猫或京东等电商平台，我们也可以看到有很多的授权电商店铺。经过华丽转型，红纺文化从一家年利润几十万元到几百万元的传统服装加工企业，上升到将 IP 周边衍生品年销售额实现超 30 亿元的行业标杆。正是因为红纺文化清晰地了解了 IP 的价值，通过合作及对产品的把控明确了大嘴猴 IP 发展的形式和方向，才创造了令人瞩目的商业奇迹。

小互动

授权商在做通路授权时候需要注意哪些问题?

011

营销推广授权：IP 代言人

授权行业所说的营销，一般指的并不是传统企业中那种带有销售性质的营销，而是侧重品牌或产品的创意和推广。营销推广授权，简称营销授权，是指授权商和被授权商双方通过内容策划或营销等手段提高曝光率的授权模式。营销授权有点类似 IP 广告和代言，特点是有合作时间的限制且合作本身有时候不涉及与 IP 直接相关的产品，通过内容合作进行输出，但有时候营销授权和商品授权同步进行。

营销授权的表现形式也比较多，如动画广告、正片植入、营销海报、创意漫画、IP 人物代言等。

另外，《熊出没》版权方出品的动画广告，是以电视广告影片（Television Commercial，TVC）的形式进行传播的，相信很多人在各大电视台都看到过。

电影《功夫熊猫》系列是非常成功的动画电影，除了在全球获得了非常高的票房收入（见表 2），在授权方面也取得了卓越的成就。尤其 2016 年，有报道称《功夫熊猫 3》电影授权及衍生业务的零售额达到了 15 亿元（当年这部电影票房约 10 亿元）。在诸多的授权合作中，《功夫熊猫 3》与康师傅合作的案例非常亮眼，取得了口碑和经济效益的双丰收。在 2017 年 LIMA（International Licensing Industry Merchandisers' Association，2019 年更名为 Licensing International）亚洲授权业卓越大奖颁奖典礼上，这个项目获得了年度最佳授权推广项目（康师傅老坛酸菜牛肉面），作为对合作伙伴的回报，东方梦工厂用好莱坞电影制作团队为康师傅量身定做了广告宣传短片，促成其销售额在一个月内增长了 22%。这是营销授权中具有标杆意义的典型案例。

表 2　《功夫熊猫》系列票房收入

电影	上映时间（年）	中国票房（元）	全球票房（美元）
《功夫熊猫 1》	2008	1.5 亿	6.317 亿
《功夫熊猫 2》	2011	6.08 亿	6.657 亿
《功夫熊猫 3》	2016	10.02 亿	5.212 亿

作为继《哪吒之魔童降世》（超 50 亿元票房）后又一力作，光线影业的“中国神话系列”第二部电影《姜子牙》是一部集结顶级制作的重量级大片，在上映前可谓达到了万众瞩目的程度。电影还没有正式上映，光线影业就与泸州老窖、蒙牛等企业进行了深度合作，拉近了传统品牌和年轻消费者之间的距离。

值得一提的是，用动画 IP 做代言人进行推广比艺人代言更具有话题性和安全性，不会因为艺人的负面消息而影响品牌的传播，所以越来越多的企业希望与动画 IP 进行更多合作尝试。

小互动

给你留下最深刻印象的营销授权案例是什么？

012

商标授权：常伴你我身边

商标授权又称商标许可，也是授权合作的一种常见模式，它常被人理解为直接印 Logo 的合作。商标本身不会像 IP 一样拥有丰富的内容、角色形象、价值观等，可能只是一个简单的 Logo 或图形，但是商标本身也代表着品牌的价值，必须有一定的知名度和市场信誉及管理体系才可以做授权。目前，商标授权是非常常见和成熟的授权模式。1960 年，美国营销学会（AMA）定义的商标（Trademark）是指“按法定程序向商标注册机构提出申请，经审查，予以核准，并授予商标专用权的品牌或品牌中的一部分，商标受法律保护，任何人未经商标注册人许可，皆不得仿效或使用”。

我们在前文中分享的南极人案例，就是非常典型的商标授权案例。除了服装行业，家电行业也有很多商标授权的合作案例，如瑞典家电品牌伊莱克斯的授权案例就非常有代表性。有新闻报道指出，2011 年伊莱克斯曾联合苏宁推出其子品牌扎努西，同时伊莱克斯与国美达成战略协议，双方签署了包括空调、厨卫、生活电器等品类在内为期 5 年的全面深度合作协议。这种模式被家电业内总结为“轻资产模式”“贴牌模式”，其实就是授权行业里所说的商标授权合作。通过商标授权，被授权商可以凭借该商标的知名度以较低的成本进入市场，从而可以使企业及产品快速被消费者所接受和认可。国际授权业协会 2018 年的统计报告显示，伊莱克斯全球的商标授权产品零售额达到 30 亿美元，排名全球第 19 位。

还有一些品牌，如惠而浦、可口可乐、奔驰、宝马、兰博基尼、宾利等，也会将自己的商标和品牌授权给生产周边的厂家，如宝马的外套、宾利的钥匙链、奔驰的文具、可口可乐的鞋子等。商标授权和品牌联名的区别在于，被授权的生产厂家不会使用自己本身的商标和品牌，也不会出现 A×B 的联合 Logo，只使用授权商品牌本身的商标和 Logo 生产产品，被授权商需要向授权商支付商标使用的版权金。

商标授权是一把“双刃剑”，如果被授权商不注重产品的质量，生产出不合格的产品，就会对原品牌造成非常大的伤害。在南极人和伊莱克斯的商标授权合作中都出现过类似的情况。如果企业计划把自己的商标授权给他人使用，一定要严格控制被授权商产品或服务的水平和质量。

小互动

授权商应该如何保证商标授权合作的产品及服务质量?

013

品牌跨界：花样玩儿法

现在有很多人把品牌授权、品牌跨界和品牌联名混为一谈，虽然几种合作具有相似性，但彼此之间还是存在着一些差异的。品牌授权一般意味着合作双方有非常明显的甲方、乙方关系，同时肯定会涉及版权金的支付；大部分品牌跨界或品牌联名，双方第一层的合作目的并不是要产生甲方、乙方之间直接的经济往来，而是为了品牌营销和推广。品牌跨界一般会采用双方后期分账或共同承担成本的形式进行合作。品牌跨界的英文是 Brand Crossover 或 Crossovers，一般被称为品牌跨界的合作，指的是这两个产品或品牌来自不同的“界”，在行业和产品形式上是有明显区分的，即两个品牌跨了不同的行业进行合作。当然，我们进行的是严格意义上的区分，有很多人混淆了品牌授权、品牌跨界、品牌联名三个概念，实际上也不影响大众的认知。

一起看一下品牌跨界的相关案例。

大白兔是诞生于 1959 年的国产糖果品牌，距今已经有 60 多年的历史了。近几年大白兔的品牌活动也一直受到大众的关注，尤其在 2015 年起推出一系列的跨界活动和产品后，越来越受到年轻人的喜爱和追捧。迄今为止，大白兔已经与太平鸟、美加净、太平洋咖啡等进行了不同风格的合作。2019 年，大白兔联合天猫香氛品牌“气味图书馆”共同开发了大白兔奶糖味香水，受到了粉丝的热烈欢迎，仅上线一天就卖出超过 1 万件产品，同时登上了当天的微博热搜。

在消费者的认知里，999 是一家制药品牌，最出名的产品是 999 感冒灵颗粒，拉面说是诞生于 2016 年的新兴方便食品品牌。2020 年 2 月，一条 999×拉面说品牌跨界的泡面产品刷爆了朋友圈。谁也没想到这两个品牌会合作。999×拉面说暖心鸡汤礼盒市场价 99 元，网络销售价约 66 元，虽然价格不低，但该产品上市半个月，天猫销量就突破 1 万件。此次合作用创新的跨界玩儿法吸引了消费者的注意力，也让 999 品牌增加了活力感。大部分购买后的消费者都对产品大加赞赏，除了赞颂合作有意思，还有人夸奖长得很像感冒冲剂的调料包有创意，更有人喜欢它们的促销赠品口罩。

马应龙创始于公元 1582 年，是非常知名的中华老字号企业，马应龙痔疮膏是其最出名的产品。让大家没想到的是，2019 年，这个品牌竟然推出了口红和眼霜，在社会上引起了巨大的反响。对于新产品的推广，大众褒贬不一，有人称赞马应龙勇于创新，有人也在诟病它是“瞎胡闹”。事实证明，消费者更容易接受马应龙的眼霜，而对于口红，消费者基本上都是抱着一种猎奇的心态而购买的，在马应龙的官方旗舰店里，眼霜的销量远远高于口红的销量。马应龙在原本不属于自己的行业领域里进行了新的开拓和“跨界”。

有一部分品牌跨界案例很成功，产品备受大众喜爱，但也有一部分品牌跨界案例因为不是很妥当而受到人们的抵制和批评。在做品牌跨界合作的时候，要找好自己的定位，瞄准合作对象的受众群体，争取为两个品牌的合作带来“共赢”而不是“双输”。

小互动

为什么年轻人更喜欢品牌跨界的产品?

014

品牌联名：1+1 大于 2

品牌联名的英文是 Co-Branding，指两个或多个品牌被联合使用在同一产品或服务上，从而实现品牌溢价及商业价值转化，达到吸引更多流量和关注的目的。

狭义上的品牌联名通常表述的是在相近行业中的不同品牌进行联名合作；广义上的品牌联名指任何两个不同品牌的合作，是一种品牌与品牌相互借力的行为。近几年，经典的品牌联名案例层出不穷。

2019 年年底，全球知名的意大利奢侈品牌 Prada 与德国运动品牌 Adidas 宣布推出联名款运动鞋及手提包。Superstar 是 Adidas 经典的鞋款，其贝壳状鞋头被大众所熟知。联名款 Superstar 运动鞋的鞋身内侧标注 “XXX/700” 的字样，意味着该联名款限量 700 双。Prada 官网对此次合作的表述如下：“合作只是开始。Prada 与 Adidas 推出首个联名系列——Prada for Adidas 系列。系列中的鞋履致敬 Adidas Originals 的标志性 Superstar 运动鞋。Superstar 运动鞋于 1969 年首次推出，至今仍是 Adidas Originals 重要鞋款之一。系列还包括一个新款手袋——Prada Bowling Bag for Adidas，呼应了 Prada Bowling 手袋及 Adidas 健身包的款式，其本身也颇具运动气息，旨在展现 Prada 与 Adidas 的共同格调和品牌文化中的共通之处。Prada Superstar 和 Prada Bowling Bag for Adidas 一同推出，所有产品均由 Prada 在意大利制造，代表了品牌举世闻名的卓越品质、在配饰领域所独有的专业知识及作为奢侈皮具制造商 106 年的悠久历史。两大品牌也在制造业方面开展合作，向无可挑剔的时尚经典——Superstar 运动鞋的 50 年历史致敬，保留了它的经典设计。同时，双方也打破界限，挑战大众 50 年来赋予这一款式的所有定义。”从消费者的角度来看，这次品牌联名是两个品牌之间的互相认可，也象征了两者之间的友谊和共同表述的价值观，因为数量有限，该产品上线后很快就销售一空。

Supreme 是 1994 年诞生于美国的品牌，一开始代表的是街头的滑板文化，后来随着品牌的不断发展，成为 Instagram 等社交媒体上的当红时尚品牌。Supreme 的一个亮点是与其他品牌的联名合作，让其从美国火到欧洲，从欧洲又火到亚洲。2017 年，Supreme 与奢侈品巨头 LV 进行了深度联名合作，合作产品包括卫衣、T 恤、旅行箱、丝巾、背包、钱包、钥匙扣、鞋子等，一时间风靡全球。时尚达人们对这次的品牌联名产品特别偏爱，这一合作成为 2017 年品牌联名合作的经典案例。越来越多的品牌从联名营销中获得收益，品牌联名的应用正在扩展到更多的行业和领域。

品牌和艺术家或名人之间的联名也是一种常见的联名合作，如 2019 年著名的优衣库和 Kaws 联名合作事件。当时优衣库发售与美国著名当代艺术家 Kaws 的联名款“Kaws: Summer”系列产品，网上仅仅 3 秒就卖出了 10 万件，在很多线下门店都出现了排队抢购现象。

需要再强调一下的是，品牌联名和品牌跨界，在当前的汉语语境中被大多数人同化使用，尤其在非授权行业中。但是作为授权行业的专业人员，应该掌握几种合作的异同。品牌联名和品牌跨界都是在不同产品或品牌之间进行的各种合作和营销手法，目的也都是为了更好地宣传和销售自身的产品与服务，从而提高品牌的曝光率，促进产品的销售。

小互动

你买过品牌联名的产品吗？

015

衍生品：每个人都值得拥有

在授权行业，经常会听到“衍生品”这个概念（衍生品一词来自金融领域），有时候也被叫作周边衍生品、周边产品或动漫（游戏）周边，一般指通过动画、漫画、游戏、小说等作品中的角色造型制作成的相关商品，包括版权方自己研发和授权他人生产两种模式。衍生品的种类很丰富，包括玩具、文具、食品、饰品、服装、电器、生活用品、音乐、图像、杂志、书籍等。

动漫衍生品的主要使用人群覆盖了儿童和年轻人。衍生品在 IP 授权商业化中所占的比重非常大，以迪士尼电影为例，动画衍生品的收入会占据其电影总收入的 50%～80%，远远超出其票房成绩。

模型玩具是衍生品的一个非常重要的品类，包括盲盒、盒蛋、手办、扭蛋、挂卡、食玩、积木人、BJD 娃娃（Ball joint Doll，球型关节人偶）等。这类产品的受众一般是 15～30 岁的年轻人。在国内，它们被称为潮流玩具（Trending Toys），也被叫作艺术玩具（Art Toy）或设计师玩具（Designer Toy），在国外一般被称为 Hobby Toys（爱好玩具）。像盲盒、扭蛋、挂卡、模型、手办这样用来观赏收藏的产品被称为硬（线）周边（Core Hobby），购买价格相对较高；还有一些价格比较亲民的，类似于毛绒玩具、钥匙扣、平面印刷品的产品被称为软（线）周边（Light Hobby）。国内外比较知名的潮玩展会包括北京国际潮流玩具展（BTS）、上海国际潮流玩具展（STS）、上海潮流玩具展（WF）、日本东京玩具展览会等。在这些专业的展会上，很多粉丝为了买到心仪的衍生品而连夜排队。2019 年全球的潮玩市场规模已经突破千亿元。

小互动

你觉得衍生品做得最好的国家是哪个?

016

独家授权、非独家授权、排他性授权

授权商和被授权商双方在签署合同的时候，一般都会明确授权的性质，即独家授权、非独家授权或排他性授权。

独家授权，也被称为专有使用授权、独占许可授权，一般是指授权商将自己的权利独家授权给被授权商使用并收取版权金的商业合作。授权商自己能否使用这项权利，具体要看双方合同的约定，如果没有特别明确的约定，理论上授权商也不可以使用该项权利，如果双方明确约定了授权商还可以使用，那么双方可同时使用。需要强调的是，在授权行业里，如果要签署独家授权协议，双方需要考虑很多的因素，包括被授权商的资质和开发计划等，因为如果被授权商拿到独家权利却不进行开发的话，一定会影响品牌本身的发展。还有一点就是独家授权的品类越多，版权金会越高，所以可以考虑在授权协议中将品类细化，这样双方的权益和成本都能够有所保证。一般来说，同一 IP 独家授权的版权金是非独家授权版税金的 2～3 倍。

非独家授权，也被称为非专有使用授权、非独占许可授权、非排他许可授权和普通授权，一般是指授权商将自己的权利授权给被授权商后，还有权利将该项权利授权给第三方，同时也不会限制授权商自己使用。在实际操作中，授权商会对不同的被授权商进行设计风格或理念上的区分，避免完全同质化授权的发生。例如，2020 年鼠年春节，迪士尼的米老鼠 IP 签约了几家服装品牌，但是每一家的设计风格都是不一样的。

排他性授权，也被称为排他许可使用授权，即授权双方都可以使用该项权利，但第三方不得使用。有些授权商是有开发产品的能力的，所以除了授权给其他人，自己也想保留一些产品开发的权利。在排他性授权场景下，在一定的期间和地区内，存在两个合法使用该项权利的主体。排他性授权也受合同时间、区域、国家等因素的影响，如在一年内排他、在广东省范围内排他、在美国排他等，授权协议需要根据具体合作条件的不同而进行具体的协商和签订。排他性授权的版权金一般会高于普通授权和非独家授权。

小互动

独家授权的优点和风险分别是什么？

---

017 版权金

被授权商在取得授权商授予的各项权利时，需要支付的费用就是版权金（Royalty），版权金也被称为版税、权利金、版权使用费等，即在整个授权行业，授权商通过授权合作获得的收益被叫作版权金。

在具体介绍版权金之前，我们来了解一下保底金，行业里一般将保底金称为 MG（Minimum Guarantee），也叫预付款，按照保底金=预计保底产品额×版权金率进行计算，如果产品生产或销售没有达到预计保底金额度，保底金中多出的部分也是不会退的；如果超过了保底额度，需要再次计算并支付超额的版权金，此时这部分费用叫作超额分账。

版权金的支付一般有四种方式，分别是保底金加分账模式、买断（包干）模式、后期分账模式和纯版权使用费模式。

- 保底金加分账模式。这种模式是授权行业主要的付款模式，主要分为保底金加固定比例分账和保底金加阶梯比例分账。保底金加固定比例分账举例如下：某时尚鞋子品牌与知名 IP 签署了授权协议，版税率为零售价的 10%，年保底销售额是 1000 万元。那么年度保底金=1000 万×10%，即 100 万元，也就是说被授权商需要提前预付 100 万元给版权方，在一年内，如果产品销售金额低于 1000 万元，则多付的保底金不退回；若产品销售额超过1000万，那么超出部分继续按照零售价的10%计算并付给授权商超额分账。保底金加阶梯比例分账是根据保底销售额的变化来调整版权金率的，有可能越来越高，有可能越来越低，依然需要双方进行协商。

- 买断（包干）模式。这种模式是在一定时间内用固定的一笔费用购买授权，不再进行额外的分账计算，一般来说，买断的总价会高于保底金加分账的金额。但是买断只是版权金的支付方式，不代表独家授权或非独家授权，具体情况还需要双方协商。例如，某食品厂与一个 IP 合作，每年固定支付版权金 200 万元，不管最后该产品的销售额达到多少，被授权商都只给授权商 200 万元。

- 后期分账模式。这种模式也被叫作纯分成或 0 保底金模式，以被授权方的实际销售额来进行分成。例如，约定版权金率为 5%，全年销售额达到 200 万元，那么版权金经计算为 10 万元。支付版权金一般会选择按月结或按季度结或按半年结或在发放防伪标的时候随时结算的模式。后期分账也可用阶梯比例分账的方式。有时后期分账的双方也会协商按照产品的利润进行分账。

- 纯版权使用费模式。一般来说，纯版权使用费是其中一部分，还要加上产品或服务的分账，就是说不管生产多少产品，被授权商都要先支付授权商一笔版权使用费。这种模式与买断模式的区别在于，纯版权使用费模式还是要按照生产和服务流水进行分账的，只是不在预计生产额度中扣除，而是需要额外计算一笔。纯版权使用费的计算模式举例如下：A 公司想使用 B 的 IP 版权做一款游戏，支付 B 版权使用费 50 万元，然后外加收入流水的 3%。

版权金的同义词“版税”来源于支付图书和著作的稿酬，下面我们先就通过图书出版来说说版税是如何计算的。

假设某知名画家 A 与出版社达成共识，计划出版 10000 本画册，经过双方沟通协商，每本画册定价的 8%作为该图书的版税，图书的定价为 50 元，那么该画家能拿到的版税是 50×8%×10000=40000 元。出版社预先支付该画家 20000 元作为定金，剩余 20000 元在出版后支付，后来因为画册大卖，增加印刷 20000 本，画家又拿到了另外的 80000 元版税。在这里 10000 本是保底的生产数量，40000 元是保底金，50 元属于零售价，额外的 80000 元是超额分账。

其他产品授权版权金的计算逻辑和图书版税是相似的，通常来说保底金是按照年度收取的。我们来看一个产品授权的版权金计算案例。某化妆品企业（被授权商）与某知名卡通 IP 版权方（授权商）签约合作，合同期为 3 年，经过测算，每年预计生产某产品的批发总额为 1000 万元，双方同意按照批发价的 6%支付保底金，如果产品总额度超过 1000 万元，则按照 5%超额分账。所以授权商可以拿到的保底授权金是 1000 万×6%=60 万/年。保底金也有可能被分期支付，如首付 50%、产品上市后补充支付 50%，或者分季度支付等。有时候超额分账会按季度进行结算，也有在年底结算的。

在产品授权合作的时候，一般有两种计算版权金的方式，一种是按照零售价（吊牌价），适用于直接面向消费者的产品或者电商产品的合作；一种是按照出厂价（渠道价、批发价），适用于传统的面向企业走渠道批发模式产品的合作。

空间授权的版权金会收 IP 形象使用费，并按照合作时间长短、空间的大小、实体店的数量等标准来收取。

需要明确的是，版权金的比例只有大概的范围，没有固定的数值，需要双方根据实际情况协商，版权金的支付有可能是阶梯状的，在一定范围之外发生比例变化。版权金的总金额比较高的授权品类包括影视剧改编、贵金属、服装、游戏、食品、玩具等，这几个品类在与一线 IP 合作的时候，保底金可以达到上百万元甚至上千万元。

虽然每一个产品品类的授权版权金提取比例有所不同，需要综合多个因素进行分析，但是一般来说，授权版权金的提取比例为零售价的3%～10%或出厂价（批发价）的8%～15%。品牌或IP知名度越高，其授权版权金提取的比例越高。如果与年营业额上亿元的产品合作，或者是贵金属等单价非常高、成本也比较高的产品，那么版权金的提取比例会稍微低些，为0.5%～3%。

每一个授权行业从业者需要谨记的是，每一个授权案例都有其特殊性，要具体问题具体分析，合约都是双方洽谈的结果，要灵活掌握合作方式，不要拘泥于框架模式，只要能保证双方的利益和目标就可以将合作深化。

小互动

游戏授权合作版权金有几种支付方式？

018

版权和著作权

《中华人民共和国著作权法》（以下简称《著作权法》）对著作权做出了界定，且指明**“本法所称的著作权即版权”**。所以，**在中国，版权和著作权指代的是同一个概念。**根据《著作权法》的规定，著作权主要包含以下形式的创作：

（一）文字作品。

（二）口述作品。

（三）音乐、戏剧、曲艺、舞蹈、杂技艺术作品。

（四）美术、建筑作品。

（五）摄影作品。

（六）电影作品和以类似摄制电影的方法创作的作品。

（七）工程设计图、产品设计图、地图、示意图等图形作品和模型作品。

（八）计算机软件。

（九）法律、行政法规规定的其他作品。

版权或著作权包括下列人身权和财产权，共计 17 项权利：

（一）发表权，即决定作品是否公之于众的权利。

（二）署名权，即表明作者身份，在作品上署名的权利。

（三）修改权，即修改或授权他人修改作品的权利。

（四）保护作品完整权，即保护作品不受歪曲、篡改的权利。

（五）复制权，即以印刷、复印、拓印、录音、录像、翻录、翻拍等方式将作品制作一份或多份的权利。

（六）发行权，即以出售或赠与方式向公众提供作品的原件或复制件的权利。

（七）出租权，即有偿许可他人临时使用电影作品和以类似摄制电影的方法创作的作品、计算机软件的权利，计算机软件不是出租的主要标的的除外。

（八）展览权，即公开陈列美术作品、摄影作品的原件或复制件的权利。

（九）表演权，即公开表演作品，以及用各种手段公开播送作品的表演的权利。

（十）放映权，即通过放映机、幻灯机等技术设备公开再现美术、摄影、电影和以类似摄制电影的方法创作的作品等的权利。

（十一）广播权，即以无线方式公开广播或传播作品，以有线传播或转播的方式向公众传播广播的作品，以及通过扩音器或其他传送符号、声音、图像的类似工具向公众传播广播的作品的权利。

（十二）信息网络传播权，即以有线或无线方式向公众提供作品，使公众可以在其个人选定的时间和地点获得作品的权利。

（十三）摄制权，即以摄制电影或以类似摄制电影的方法将作品固定在载体上的权利。

（十四）改编权，即改变作品，创作出具有独创性的新作品的权利。

（十五）翻译权，即将作品从一种语言文字转换成另一种语言文字的权利。

（十六）汇编权，即将作品或作品的片段通过选择或编排，汇集成新作品的权利。

（十七）应当由著作权人享有的其他权利。

著作权人可以许可他人行使第（五）项至第（十七）项规定的权利，并依照约定或《著作权法》有关规定获得报酬。著作权人可以全部或部分转让第（五）项至第（十七）项规定的权利，并依照约定或《著作权法》有关规定获得报酬。

公民的著作权的保护期限主要有以下几种形式：

（一）作者的署名权、修改权、保护作品完整权的保护期不受限制。

（二）公民的作品，其发表权、前文所述的第（五）项至第（十七）项权利的保护期为作者终生及其死亡后 50 年，截止于作者死亡后第五十年的 12 月 31 日；如果是合作作品，截止于最后死亡的作者死亡后第 50 年的 12 月 31 日。

法人或其他组织的作品、著作权（署名权除外）由法人或其他组织享有的职务作品，其发表权、前文所述的第（五）项至第（十七）项规定的权利的保护期为 50 年，截止于作品首次发表后第 50 年的 12 月 31 日，但作品自创作完成后 50 年内未发表的，《著作权法》不再保护。

电影作品和以类似摄制电影的方法创作的作品、摄影作品，其发表权、前文所述的第（五）项至第（十七）项规定的权利的保护期为 50 年，截止于作品首次发表后第 50 年的 12 月 31 日，但作品自创作完成后 50 年内未发表的，《著作权法》不再保护。

需要注意的是，每个国家对于著作权的保护时间与法律规定都会略有不同，著作权的保护期限大多是作者去世后50～100年。在不同国家寻求合作的时候需要提前了解当地的法律政策。

小互动

你知道哪些著作权争议案例?

019 商标

商标的英文是 Trademark。《中华人民共和国商标法》（以下简称《商标法》）对商标相关事宜做出了规定，中国的商标主管部门是国家知识产权局商标局。

世界知识产权组织（World Intellectual Property Organization，WIPO）定义商标为将某商品或服务标明是某具体个人或企业所生产或提供的商品或服务的显著标志。《商标法》规定任何能够将自然人、法人或其他组织的商品与他人的商品区别开的标志，包括文字、图形、字母、数字、三维标志、颜色组合和声音等，以及上述要素的组合，均可以作为商标申请注册。所以说，商标是用来区别企业的品牌或服务和其他机构的商品或服务的标记。《商标法》还规定，经商标局核准注册的商标，包括商品商标、服务商标和集体商标、证明商标，商标注册人享有商标专用权，受法律保护。

中国国家知识产权局（CNIPA）、欧洲专利局（EPO）、日本特许厅（JPO）、韩国特许厅（KIPO）和美国专利商标局（USPTO）五大知识产权局与世界知识产权组织（WIPO）是国际上具有影响力的知识产权管理机构。

《商标注册用商品和服务国际分类尼斯协定》（以下简称《尼斯协定》）建立了用于商标和服务商标注册的商品与服务分类依据，宗旨是建立一个共同的商标注册用商品和服务国际分类体系，并保证其实施。中国商标按照《尼斯协定》主要分为 45 大类（见图 1），包括商品 34 个大类、服务 11 个大类，大类又分为 1 万多个小项。

01 化学原料	02 颜料油漆	03 日化用品	04 燃料油脂	05 医药	06 金属材料	07 机械设备	08 手工器械	09 科学仪器	10 医疗器械
11 灯具空调	12 运输工具	13 军火烟火	14 珠宝钟表	15 乐器	16 办公用品	17 橡胶制品	18 皮革皮具	19 建筑材料	20 家具
21 厨房洁具	22 绳网袋蓬	23 纱线丝	24 布料床单	25 服装鞋帽	26 钮扣拉链	27 地毯席垫	28 健身器材	29 食品	30 方便食品
31 农林生鲜	32 啤酒饮料	33 酒	34 烟草烟具	35 广告销售	36 金融物管	37 建筑修理	38 通讯服务	39 运输贮藏	40 材料加工
41 教育娱乐	42 科技服务	43 餐饮住宿	44 医疗园艺	45 社会服务					

图 1　中国商标分类

《商标法》规定注册商标的有效期为 10 年，自核准注册之日起计算。注册商标有效期满，需要继续使用的，商标注册人应当在期满前 12 个月内按照规定办理续展手续；在此期间未能办理的，可以给予 6 个月的宽展期。每次续展注册的有效期为 10 年，自该商标上一届有效期满次日起计算。期满未办理续展手续的，注销其注册商标。

中国商标注册流程如图 2 所示。

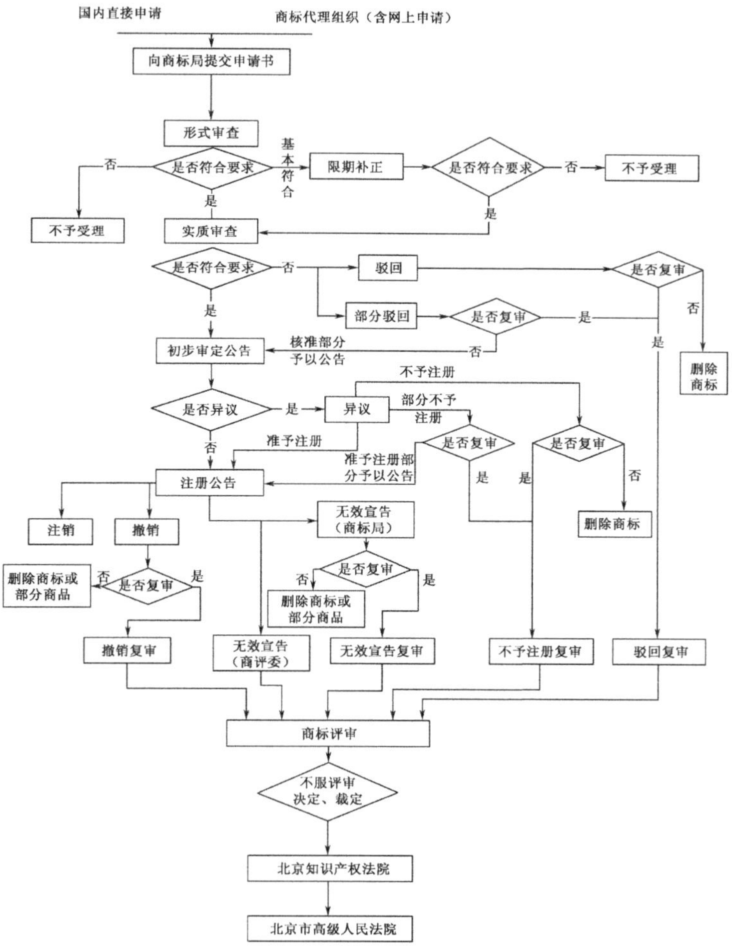

图 2　商标注册流程

资料来源：中国商标网。

国家对于商标注册的收费标准如表 3 所示，如果找代理商代为注册商标的话需要额外支付代理手续费（2020 年）。

表 3　商标注册的收费标准

序号	收费项目	纸质申请收费标准（按类别）	接受电子发文的网上申请收费标准（按类别）
1	受理商标注册费	300 元（限定本类 10 个商品。10 个以上商品，每超过 1 个商品，每个商品加收 30 元）	270 元（限定本类 10 个商品。10 个以上商品，每超过 1 个商品，每个商品加收 27 元）
2	补发商标注册证费	500 元	450 元
3	受理转让注册商标费	500 元	450 元
4	受理商标续展注册费	500 元	450 元
5	受理续展注册迟延费	250 元	225 元
6	受理商标评审费	750 元	675 元（待开通）
7	变更费	150 元	0 元
8	出具商标证明费	50 元	45 元
9	受理集体商标注册费	1500 元	1350 元
10	受理证明商标注册费	1500 元	1350 元
11	商标异议费	500 元	450 元（待开通）
12	撤销商标费	500 元	450 元（待开通）
13	商标使用许可合同备案费	150 元	135 元

有的人认为商标等同于 Logo，其实 Logo 是商标的表现形式，商标和 Logo 的概念虽然在有些地方是重合的，但事实上二者有着很大的区别，主要表现如下：

- 法律保护依据不同。Logo 属于美术作品，受《著作权法》的保护，商标则受《商标法》的保护。如果 Logo 被申请成了商标，那么可以受到两部法律的共同保护。
- 获得方式不同。商标需要去专门机构进行注册和申请，而且需要交纳费用。Logo 可以不专门注册登记，直接享有著作权。
- 受保护期限不同。Logo 受保护的期限一般是 50 年，而注册商标有效期是 10 年，到期后可以无限期地续展，受保护的时间是无限的，但是需要缴费。

小互动

你在商标申请的过程中遇到过什么问题?

020

专利：专利权人的保护伞

专利的英文是 Patent，字面的意思为专有的权利和利益。在授权行业，大家打交道最多的是版权（著作权）和商标，虽然与专利的结合相对较少，但是专利也是大家在授权行业里需要了解的基本知识之一。

《中华人民共和国专利法》（以下简称《专利法》）是与专利直接关联的国家法律。《专利法》的目的是保护专利权人的合法权益，鼓励发明创造，推动发明创造的应用，提高创新能力，促进科学技术进步和经济社会发展。国家知识产权局是国务院主管全国专利工作和统筹协调涉外知识产权事宜的直属机构。

专利主要针对的发明创造是指发明、实用新型和外观设计。发明，是指对产品、方法或其改进所提出的新的技术方案。实用新型，是指对产品的形状、构造或其结合所提出的适于实用的新的技术方案。外观设计，是指对产品的形状、图案或其结合及色彩与形状、图案的结合所做出的富有美感并适于工业应用的新设计。发明专利权的期限为20年，实用新型专利权和外观设计专利权的期限为10年，均自申请日起计算。

依据《专利法》，发明专利申请的审批程序包括受理、初审、公布、实审及授权5个阶段。实用新型或外观设计专利申请在审批中不进行早期公布和实质审查，只有受理、初审和授权3个阶段。发明、实用新型和外观设计专利的申请、审查流程如图3所示。

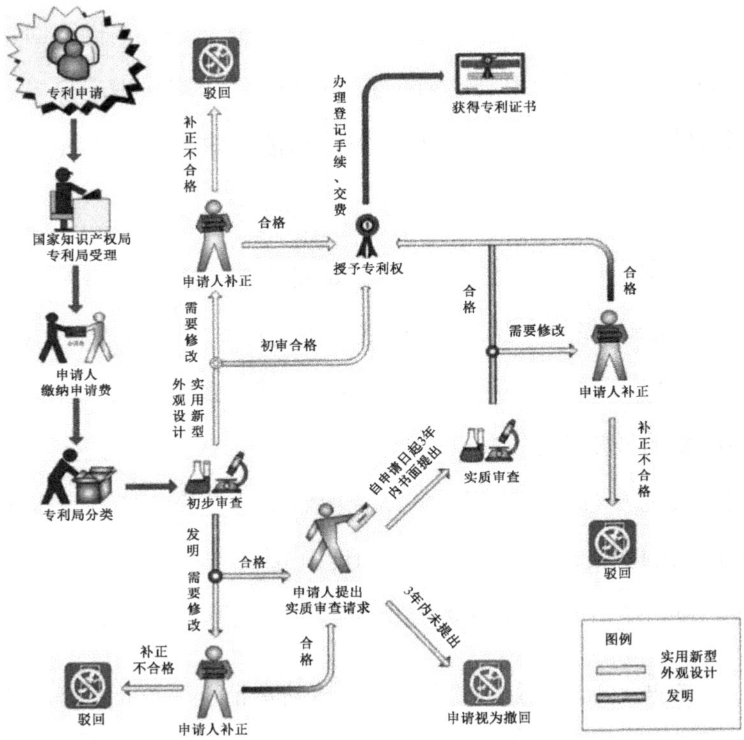

图 3　专利的申请、审查流程

资料来源：国家知识产权局综合服务平台网站。

申请专利涉及很多项目的费用，包括申请费、发明专利申请实质审查费、印花税、复审费、著录事项变更费、恢复权利请求费、延长期限请求费、专利文件副本证明费、年费、滞纳金等。另外，专利申请的整体流程同时相对比较长，为 12～

20 个月。有些授权产品和衍生品也是可以申请专利的。

国际专利体系（Patent Cooperation Treaty，PCT）为申请人在国际上寻求对其发明的国际专利保护提供了便利，帮助专利局做出专利授予决定，方便公众查阅这些发明中涉及的丰富技术信息。根据 PCT 提交一件国际专利申请，申请人可以同时在全世界大多数国家寻求对其发明的保护。如果企业想进入海外市场的话，需要提前了解 PCT 的相关条款。

《2019 年中国专利调查报告》显示，2008 年《国家知识产权战略纲要》颁布实施，将知识产权工作上升到国家战略层面进行统筹部署和整体推进，为知识产权事业的发展指出了明确方向；中国八成以上专利权人认为自国家知识产权战略实施以来，中国知识产权总体发展水平提升，创新主体充分认可国家知识产权战略实施取得的成效。

小互动

IP 或品牌方是否需要申请专利?

第二部分 如何找到并鉴别合作伙伴

021

授权部门：直面商业化的战斗军团

做授权的企业，有个部门是需要直接对销售结果和商业化负责的，这就是我们所说的授权部门。当然，每个公司的组织架构不同，职能分工也不同，对于这个部门的称呼也有所不同，授权部门有时也被称为版权部、商务部、品牌授权部、IP授权部等，我们在本书中统一称为授权部门。授权部门的职能主要有五个大方向：总体规划、客户开发、落单执行、客户维护、专业培训。

➢ 总体规划：授权部门需要对授权合作目标与意向客户进行整体的梳理和规划，制订月度、季度、年度，甚至3年和5年的授权发展计划，根据IP的内容，结合品牌特点和公司发展战略，落实授权项目的发展品类和方向，提前梳理授权所需的素材和需求。以电影项目为例，国际上的电影衍生品收入可以占到总收入的50%～80%，但中国的电影衍生品市场还需要进一步开发。电影的制作周期相对较长，电影项目的授权部门甚至需要在电影正式上映前一年开始授权的洽谈和签约，电影上映后热度持续的周期一般是一个月左右，如果当电影热度上来后再进行衍生品授权，很多产品会赶不上档期。所以授权部门要对自己的IP授权进行提前的规划，不只针对电影，其他IP也同样受用，当内容发行和产品上市结合在一起的时候，才会产生较好的双向效果。

➢ 客户开发。授权部门制订好计划后，就要根据发展方向进行客户的发掘了。找到潜在客户是授权部门的一种职能，在通常情况下，如果不是头部IP或热门IP，大部分IP从前期客户开发到最终签单的比例是2%～5%，即开发了 100 个新客户，最后能签约的可能只有 2～5 个。所以，建立起客户资源库并扩大客户基数是一个需要长时间积累的过程。

➢ 落单执行。经过前期的洽谈和开拓，最终确认合作意向后，授权部门需要帮助客户完成签约、收款并执行合同所规定的内容，同时也会配合客户做新产品的研发审核和营销推广（一线 IP 的授权部门一般不会负责营销推广，但国内大部分 IP 的授权部门会进行协助）。

➢ 客户维护。凡是签约合作的客户，授权部门都要进行实时的管理和维护，在合同期内进行合同期内的服务；在合同期结束后，依然需要对客户进行定期维护，如给对方发更新的品牌介绍、邀请对方参加活动、互相拜访、调研访谈等。保持良好的客户关系，有利于促进再次签约或二销签约（客户将这个 IP 介绍给别的客户）。除了维护签约客户，有的授权部门需要维护与代理商、授权顾问等合作伙伴的关系。

➢ 专业培训。授权部门需要不断完善授权管理流程，统一团队成员的品牌共识，梳理出 IP 的核心竞争力，同时与其他团队紧密配合，让业务人员全面掌握 IP 的相关知识点，同时还要对整个行业进行不断的研究和监控，为公司内部和客户提供专业的培训。

小互动

你所在的企业里负责 IP 授权商业化的部门名称是什么?

022

授权行业的“先锋战士”

授权部门的主要人员构成包括授权总监、授权经理和授权助理等，专门做授权的岗位也被称为版权经纪人或版权商务，有的授权部门也会有设计或法务，每家企业情况都不一致，可以根据实际情况进行安排。授权总监、授权经理和授权助理是授权行业的“先锋战士”。

授权总监是执行企业授权的“大将”，是整个公司授权业务的主导者、授权部门的直接管理者，所以必须具备相关的行业经验和管理经验，最少具备 5 年以上授权行业经验，同时需要有丰富的商务洽谈实战经验。

授权总监的工作内容如下：

➢ 根据公司战略，制订授权业务年度工作计划并完成年度销售业绩。

➢ 负责领导部门执行商务合作及授权相关工作。

➢ 建立授权工作体系，使授权工作规范。

➢ 开拓、洽谈及签订新的被授权商，并跟踪签约客户授权合同的履行情况。

➢ 统筹协调组织和参与专业的授权展会、发布会、合作洽谈会。

➢ 与被授权商共同制订年度商业计划，促进被授权商产品的销售，提高其获得的利润，维护客户关系。

➢ 进行 IP 市场分析、研究、建立、运营和商业化的研究，进行授权行业的相关资料的收集。

➢ 负责组织授权知识培训，完成员工的培养并促进部门共同成长。

授权总监的岗位要求如下：

➢ 具备 5 年以上授权行业经验，熟悉与授权相关的法规及授权的商业模式。

➢ 能有效结合 IP 用户属性和市场需求开展授权业务。

➢ 具有一定的供应链客户关系、渠道资源和客户资源。

➢ 具有良好的市场分析、营销、推广、业务拓展能力，具备商业敏锐性。

➢ 具备一定的抗压能力，思维活跃，主动性强，能适应出差要求。

➢ 有较高的团队合作意识及敏锐的洞察力。

➢ 有较好的语言表达能力和沟通能力。

➢ 深入了解国内外 IP 授权知识并有 IP 授权商业化成功案例。

授权经理直接向授权总监汇报工作，负责具体的授权商务项目合作的落地和执行，需要有 3 年左右的工作经验，对行业比较了解，一般有动漫、地产、影视和文化行业从业经验会对做授权经理有很大帮助。

授权经理的工作内容如下：

➢ 协助部门负责人制订年度计划，开发品牌授权渠道。

➢ 定期拓展新的授权客户，沟通及推广公司授权业务。

➢ 促成授权商务合作并为公司争取最大利益。

➢ 进行授权合作方案的撰写与执行。

➢ 落地活动的策划及监管执行。

➢ 进行公司内部沟通，执行内部工作流程。

授权经理的岗位要求如下：

➢ 具有 3 年以上的授权行业工作经验。

➢ 有动漫、地产、影视、文化行业从业经验。

➢ 有较好的沟通能力及对外交际能力。

➢ 市场营销、企业管理专业优先。

➢ 线上、线下策划综合能力较强，抗压能力强。

➢ 能独立完成商业规划提案工作。

授权合作的流程一般比较长，如果说授权总监和授权经理是在前方打仗的“大将”和“士兵”，那么授权助理就是整个业务支持的大后方，也是授权部门的贴心管家，一个好的授权助理不但能够完成自己的本职工作，还能通过个人的努力成长为授权业务专员或授权经理，所以，做好授权助理的工作，上升空间非常大。

授权助理的工作内容如下：

➢ 协助部门完成授权工作。

➢ 负责与被授权商进行项目执行中的沟通和协调。

➢ 负责公司授权产品数据梳理及管理。

➢ 协助部门进行客户开发及客户关系维护。

➢ 协助收集与整理行业资讯。

➢ 协助部门完成合同的签署、执行和归档。

授权助理的岗位要求如下：

- 工作积极主动、认真细致、沟通能力强、性格开朗。
- 熟练操作 Office 办公软件。
- 具有 2 年左右工作经验，且具备良好的计划与执行能力、客户服务能力。
- 能承受一定的工作压力，工作效率高。

小互动

聊聊你是如何步入授权行业的。

023

授权行业从业者必备素质：缺一不可的从业条件

授权行业的人才非常匮乏，中国高校并没有开设和授权直接关联的专业，市场上也没有系统的学习教材，所有的分享都是大家根据实战经验积累起来的，所以说从事授权行业颇具挑战且需要耐心，要靠实战经验去积累和摸索。那么，从事授权行业的人必须具备哪些素质呢？

- 热爱授权行业，具有大局观。常言道，热爱是最好的老师。授权行业的从业者，需要具备对行业的热爱和不断探索的激情，更要拥有立足国内，放眼全球的大局观。不能只关注自己的公司，而是要看全行业的动态，学习国内外同行业的经验，吸取大家的教训，不断提高自身的业务能力，提高公司授权的发展高度。

- 掌握商务礼仪。授权行业的从业者要与各个行业的人进行沟通交流，必须具备基本的商务礼仪和沟通技巧，了解不同地区的风俗习惯，学习不同国家的商务礼仪规范，做到在谈判的场合端庄大方、游刃有余。可以通过读书、看视频、参加专业培训等不同的路径，学习更多的商业礼仪常识。

- 扎实的专业知识。授权行业的基础知识是从业者必备的。当然，除了基础知识，想要在这个行业发展得更久、取得更大的成就，必须掌握非常多的专业知识，包括授权行业的发展历史和现状、历年的行业会议和奖项、商业谈判的技巧和专业的法律知识等。

- 了解品牌知识。授权行业从业者手里的品牌或 IP 就是大家的“弹药”和“商品”，首先自己要深度了解和掌握自己的品牌和 IP 的所有信息，做到胸有成竹、对答如流，从而让客户对你和品牌、IP 产生信赖。另外，品牌或 IP 也像授权行业从业者的“孩子”，大家要精心呵护它们，抚育它们成长，让自己的品牌或 IP 变得更有价值，更有活力。

➢ 具有服务意识。所有的客户都是授权行业从业者的服务对象。要珍惜每一次与客户沟通和接触的机会，把专业的服务意识和理念放到第一位。授权关系中其实没有特别对立的甲乙方关系，大家一起合作的目的是双赢，彼此成长和彼此扶持，及时高效地帮助客户解决问题，站在客户的角度进行换位思考，为每一次合作做好充分的准备。每一个客户都是从业者的“口碑”，他们可以为授权商带来二次和三次的销售转化。

小互动

授权行业从业者需要哪些特质?

024

代理商和优质代理商：授权的大推手和“合伙人”

代理商在授权行业的英文是 Agent。这是一个与授权商和被授权商同等重要的行业角色。代理商在一定时间和区域内通过合法授权，代表一方去执行和完成相关的合作或业务的接洽。那么，一般在什么情况下授权商需要代理商呢？

➢ 新晋品牌或 IP。对于很多运营时间不超过 3 年还处于起步阶段的新晋品牌或 IP，因为本身的公司组织架构可能不是很完善，团队里没有专业的授权人员，这个阶段可以考虑甄选一些有资源的代理商进行合作，从而扩大品牌或 IP 合作的可能性。

- 相对成熟的品牌或 IP。相对成熟的品牌或 IP，在一些品类上已经取得了授权合作，但是面临新的品类无法突破时，也可以考虑与代理商合作，互相取长补短。双方可以在规定的区域或规定的品牌上进行合作。例如，一个 IP 的总部在北京，其需要深入开拓南方市场，那么可以选择上海或广州比较有行业资源的合作伙伴作为代理商，进行业务的拓展。

- 进行海外输出的品牌或 IP。大部分国外品牌或 IP 引进到国内，或者国内品牌或 IP 想开拓海外市场，最佳的方式就是找到当地的代理商。拓展海外市场的成本非常高，不但需要大量的人力、物力和财力，还要非常了解国外的政策法律、风土人情、传统习惯等，如果没有做市场调研直接进入海外市场的话，会面临非常大的风险。很多一线品牌或 IP 在进入中国市场的时候都找了代理商合作。目前中国品牌或 IP 的授权业务还在不断地开拓和探索中，建议发展海外合作的时候可以考虑找代理商一起去开拓新市场，在条件成熟后可以成立合资公司或独立的公司去运营。

代理模式有独家代理、普通代理、特约代理几种形式。一般对于成熟 IP 来说，如果签约独家代理的话，代理商需要给授权商一定的保底金，但如果是新晋 IP 或成长中的 IP，授权商很有可能要在前期承担一些营销的成本。普通代理模式是非独家的合作，所以一般不需要支付保底金（头部 IP 和爆款 IP 除外）。特约代理是这样一种情况，很多授权商会和专业协会签约，如毛绒协会、食品协会、游戏协会等，让协会成为其在该品类上的特约代理商。若代理商自己本身有开发产品的能力，那么在签约合作的过程中，其实是两种身份，一种是代理商，另一种是被授权商，不同合作需要按照不同的模式去结算。

代理商包括代理顾问与代理公司，其区别在于代理顾问一般以个人的身份参与合作，代理公司以企业为单位参与合作。

如何选择合适的代理商？我们可以通过以下几个维度去判断代理商是不是适合自己。

➢ 以往国内外的代理案例。如果代理商有成功案例，并且取得了很多的经营成果，那么可以认为该代理商是有一定的基础的。

➢ 被授权商的数量。在与代理商沟通的时候，可以了解一下目前代理商有多少被授权商。如果代理商有非常多的被授权商资源，哪怕它是公关公司或广告公司，也可以尝试小范围的合作，当然，专业的 IP 代理公司是更好的选择。

➢ 代理公司的成立时间及规模。如果代理公司是刚刚注册的，不管创始团队的经历多么丰富，也会处于一个相对不是很稳定的阶段，最好等注册 1～2 年再看一下公司的状况，很多代理公司会在注册或运营不到一年时就出现问题，而且新的代理公司会利用 IP 去做融资的背书，但是实际上没有太多的精力帮助 IP 成长。关于公司的规模，从理论上来说，一个公司的员工越多，代表公司的实力越强，但也并不是绝对的，公司规模只是一个参考指标。

➢ 代理公司的基因和资源。每个代理公司的基因是不同的，它们的资源也不相同。例如，现在很多有自己实体品牌和工厂的公司开始介入 IP 代理和 IP 运营行业，这些公司旗下本身就有很多的资源，能够很快地实现 IP 的商业化，需要注意的一点是，这样的公司有可能限制 IP 与同类竞品的合作。有些代理公司没有实体业务，那么它们会比较中立一些。此外，还会有一些 IP 授权商签约其他的新 IP，利用手里过往的被授权商资源进行签约。另外，京东、腾讯、阿里巴巴等平台，都有类似的业务，虽然具体的平台合作模式与常规代理稍有区别，有可能它们会以投资的方式直接介入，但是其实也是遵循同样的代理合作逻辑的。如 2018 年阿里巴巴独家代理了当年日本一款非常火的游戏——《旅行青蛙》。

- 往年的业绩收入数据。在与代理商沟通的时候，需要了解一下其往年的业绩收入数据，毕竟财务数据才是最有力的证明，直接可以代表这个团队的整体实力。

- 专业的授权团队及资历。代理公司负责具体业务的管理人员必须是行业内的资深人士且未来的工作变动可能性低，同时授权人员的资历最好有阶梯状的区分，如包括资历深的员工、培养中的有潜力的员工、刚入行的新人，这样才是一个比较稳定和良好的状态。如果该团队全都是新人，那么最后的运营效果一定不会很好，毕竟授权是需要多年摸爬滚打积累历练才能做好的行业。

我们来看一个授权代理案例。某代理商计划签署某知名 IP 的食品类代理权，双方经过协商后签署框架协议的主要商务内容及授权商对代理商的要求如下：

- 签约后保证半年内完成 3 家或以上的食品公司授权合作签约。
- 提供未来可合作的或有机会合作的被授权商清单。
- 被授权商资质：年营业额 500 万元以上，成立 2 年以上，无负面新闻，有电商或渠道销售的通路，有过往爆款产品，有合法的食品生产资质，未发生过食品安全事故。
- 签约保底金为 100 万元，由具体被授权商签约后再进行单个项目核算。
- 如果半年内未实现签约 3 家食品公司的承诺，终止合作且不退保底金。
- 目前授权的范围仅限于食品的生产，不得超出授权范围。

- 所有对外宣传露出的物料，带有 IP 授权商的任何信息的，均需要通过审核后方可发布。
- 食品品类无具体限制。

小互动

分享一下你接触过的不同类型的代理案例。

025

优质的授权商：哪些授权商值得合作

中国玩具和婴童用品协会发布的《2020 年中国品牌授权行业发展白皮书》显示，按照企业实际开展授权业务的口径统计，截至 2019 年年底，在中国的品牌授权企业总数为 542 家，同比增长 31.6%，已经开展授权业务的 IP 为 2006 项，同比增长 36.2%。

上述数据表明，中国的 IP 数量总体在不断增加，当数以千计甚至未来可能数以万计的 IP 在市场上活跃的时候，被授权商的可选范围变得越来越大，有可能会眼花缭乱，他们也会不断思考：到底要选择什么样的 IP 进行合作才能实现预期的效果，什么样的 IP 可以促进产品或服务的销售增长？

我们可以从以下几个维度去评估授权商是不是合适的合作伙伴。

- 是否有好内容。IP 是基于自身的内容或故事去传递价值观和维系粉丝情感的。好内容有持续性、爆发性及优质性三个关键点。《海贼王》《哆啦 A 梦》是持续性的代表，这么多年依然在不断生成新的内容。如果没有持续性，那么 IP 需要有爆发性，可以通过一件事情或一次发行，提升在大众中的认知度，并获得大众的认可和喜爱。

- 是否有好素材。有的 IP 并不是靠内容取胜的，前期可能单纯地依靠设计的形象打出知名度，如 Kaws 或 Hello Kitty 等，这样的 IP 天然带有“颜值”（设计）优势，直接靠设计打动粉丝和客户。没有硬内容支撑的 IP，需要有优质且丰富的设计素材的支撑。如果只有一些插画和海报，是无法完成 IP 的商业转化的。这时候就需要大量的设计素材和资料作为 IP 授权的支撑，也就是授权行业里所说的图库或风格指南，后续我们会专门介绍图库的相关知识。

- 是否提供好服务。不管出名是因为内容还是因为“颜值”（设计），当 IP 具备了打动粉丝和客户的元素后，就可以开始走商业化的道路了。但是其实有很多国内授权商会陷入自我陶醉的错觉中，觉得自己的 IP 非常具有竞争优势，从而在商务合作中保持着清高的态度，对合作伙伴十分怠慢。常言道，人无百样好，花无百样红，任何授权商陷入骄傲自大的状态中，都是在自掘坟墓。因为在市场经济中，只有有人愿意为你的创作买单才能让创作团队存活得更长久。授权商和被授权商是彼此扶持的共赢关系。如果授权商能够主动帮助客户拓展思路，提供专业的合作意见，保持平等谦虚的态度，就具备了成为优质的合作伙伴的基础条件。

小互动

思考一下，授权商的什么行为有可能导致授权合作的失败?

026

优质的被授权商及与哪些被授权商合作要谨慎

授权商要努力争取合作的优质被授权商有以下几种：

- 行业排名前 10 位的企业，一般都是非常有潜力的被授权商。
- 世界 500 强和中国 500 强企业，毫无疑问它们会是非常好的合作伙伴，但是它们对于 IP 的要求也非常高，通常会首选一线 IP。

- 获得过一线 IP 授权的被授权商，一般都有较强的经济实力，因为一线 IP 的版权金相对来说都比较高。一线 IP 对于被授权商的审核也比较严格，通过审核的企业在各个方面相对来说比较成熟。一线 IP 对于产品质量要求比较高，经过一线 IP 的考验，产品质量可以得到保障。一线 IP 的审核流程严格按照法律规定进行，如果之前获得过一线 IP 的授权，这家企业的行为合法性会比较高。
- 经济实力雄厚，企业和产品口碑好，形象正面的企业。
- 地方上有政府支持或鼓励政策的企业。

前文讲到的是几种比较优质的被授权商，有些企业自身有很多问题，与之合作有可能影响 IP 本身的美誉度，所以，授权商在挑选被授权商进行合作的时候，一定要综合考虑很多因素。常见的不建议合作的被授权商有以下几种：

- 注册或运营 3 年以下的企业，与其合作风险较大，一定要慎重考虑，需要开展全方位测评。

➢ 员工人数太少（10 人以下）的企业，说明在运营和推广上的人员匹配比较薄弱，需要谨慎考虑。

➢ 注册资本低于 50 万元的企业或年收入少于 300 万元的企业，说明启动资金和营业额并不是很多，合作的时候要多考虑。

➢ 没有 IP 授权合作经验的企业，是第一次与 IP 授权商合作，需要非常谨慎地考虑。

在考虑与以上几种企业进行授权合作时需要非常谨慎，是否可以进行合作，大家可以根据自身的情况进行判断。大家需要谨记的是，具有以下特点的企业绝对不能合作：

➢ 企业有负面报道，造成过非常严重的社会影响。

➢ 企业出现过产品安全事故，如食品安全、使用安全等。

➢ 企业或法人曾经被列入过被失信人员名单。

➢ 电商评价负面居多或网店评分比较低的企业或品牌。

最后有三点要强调：一是 IP 授权不是雪中送炭，而是锦上添花，如果一个企业自身的运营和产品出现问题，单独想依靠 IP 授权去扭转局面的话基本不太可能。二是一定要对与婴幼儿、食品、化妆品相关的被授权商进行非常细致的调研，保证产品品质和安全。三是授权合作与 IP 的口碑息息相关，每一次合作都要谨慎对待。

小互动

被授权商的哪些行为会影响 IP 的口碑?

027

如何快速找到授权商和被授权商

授权商和被授权商如何相遇？我们假设授权商是一位妙龄女子，被授权商是一位翩翩公子，世界之大，如何能快速找到彼此？下面就为各位分享几种方法。

➢ "相亲大会"——授权展会、行业展会。专业的授权展会其实就是授权商和被授权商的"相亲大会"。一般来说，授权商会把自己的授权成果、新产品的打样、新的体验场景在展会上进行展示。同时，很多被授权商也会来到展会上寻找能与之合作的IP。

- “婚介所”——地方商会、专业协会、校友会。除了参加专业展会，还可以申请加入地方商会、专业协会和校友会等组织，通过组织的力量和关系找寻合作伙伴，为双方提供信息服务，组织的功能有点像“婚介所”。
- “媒人”——代理商、渠道、供应商、企业家网络。寻找合作伙伴还有一个好办法，就是通过“媒人”撮合，如去寻找代理商、合作渠道，或者请求与自己关系比较密切的顾问、企业家介绍，合作的成功率会比较高。
- 朋友介绍——合作伙伴的客户、客户的客户。合作伙伴的客户或客户的客户，其实就是我们所理解的“朋友的朋友”，一般是授权商通过自身的口碑传播，使客户主动为其介绍新的合作机会。
- “自由恋爱”——新兴业务领域（电商、新零售）。“自由恋爱”是比较直接的办法，通过意向合作方的官网、邮箱、微博、微信公众号或电商店铺等途径直接表达合作意向，主动出击。

➢“抛绣球征婚”——举办招商会。通过举办招商会或品牌发布会等形式，广泛邀请潜在的客户来到招商会或发布会现场，在现场对自己的优势和政策进行集中宣传，让客户了解企业并产生合作的意愿，很像古代的“抛绣球征婚”。很多成熟 IP 都会定期举办自己的招商会。

小互动

哪种方式可以更好地促成授权商和被授权商的相识与合作呢？

028

如何进行合作伙伴背景调查

当我们通过不同的方式找到合作伙伴的线索或建立联系之后，接着就要进行背景调查和商务洽谈工作了。

对于如何快速深入了解合作伙伴、如何判断某一企业是不是合适的合作伙伴，我有一些经验分享给大家。

➢ 合作必须找对人。如果有可能，一定要见到对方的“大老板”，如 CEO、董事长或联合创始人等。如果对方只是一位普通职员，除了权限不够，还有很大的离职风险，所以在合作的时候，最好能与“大老板”见面并建立联系，至少也要见到业务的总负责人。

- 利用搜索引擎进行背景调查。对百度指数、微博指数、微信指数及电商店铺的评分和销售量等进行调研和分析。如果有必要，可以请专门的调研机构进行背景调查。
- 核查对方的工商注册信息和诉讼情况。通过国家工商总局或专业的企业信息管理软件查询该企业的注册信息、股东和风险等问题，同时还要关注对方在司法或诉讼方面的信息，如果对方是个“老赖”，建议千万不要合作。
- 资料调查。请对方提供商务情况介绍，如年度市场推广计划、产品线及产品开发计划、销售渠道、定价策略、产品样本、三年业务规划等信息。
- 实地考察。前期的调查工作做好之后，最重要的是要到该企业现场去考察，看一下对方的工作环境、员工状态、办事风格，同样也可以与对接人联络感情，加快熟悉过程。

以上就是几种对合作伙伴进行调查和了解的方式。授权商和被授权商需要互相了解，多沟通，更要彼此认可，这样才能让未来的合作更加顺畅。

小互动

什么样的被授权商需要做背景调查?

029

授权展会

授权商和被授权商通过参加授权展会可以快速找到彼此。授权展会是授权行业的参与者在一定的时间(短期为 3～5 天)、固定的场所举办的包括业务和产品展示、商务洽谈、发布会和论坛的综合性宣传活动。专业的授权展会是发现商业机会、展示行业成果、与同行业人才沟通交流的大好时机，希望每一位从业者都能到授权展会上去参观学习。

常规性的国内、国际授权展会及其时间安排如下（因新冠疫情影响，2020 年授权展会的时间均有所调整）。

国内规模比较大的授权展会

- 1 月：香港国际授权展。同期举办香港玩具展、香港国际文具展、香港婴儿用品展。主办方为香港贸易发展局。该展会为辐射全球、亚洲最国际化的授权展。
- 3 月：国际授权及衍生品（深圳）展览会。同期举办国际玩具及教育产品（深圳）展会和国际童车及母婴用品（深圳）展览会。主办方为广东省玩具协会、法兰克福展览（香港）有限公司。该展会与老牌玩具展同期举办，客流量较大。
- 7 月：LEC 授权展 · 全球授权展（上海站）。同期举办 CBME 孕婴童展。主办方为英富曼会展集团、国际授权业协会。该展会相对比较国际化。
- 8 月：深圳国际 IP 授权产业博览会（简称深圳 IP 博览会），同期举办深圳授权展、深圳电商选品展、深圳直播服务展、820 深圳直播电商节、深圳潮玩展。深圳 IP 博览会由中国版权保护中心指导，前域文化展览（深圳）

有限公司主办，作为中国首个以 IP 为核心的创意产业博览会，深圳 IP 博览会自 2013 年创办以来，便得到了业界的一致好评，现已成为国内 IP 产业最具影响力的盛会之一。

- 10 月：中国授权展（China Licensing Expo），又名中国国际品牌授权展览会。同期举办中国婴童展、中国玩具展、中国幼教展。主办方为中国玩具和婴童用品协会。该展会为中国本土主办的规模最大的授权展。

国际上规模比较大的授权展会

- 5 月：美国拉斯维加斯品牌授权展览会。主办方为英富曼会展集团、国际授权业协会。该展会为国际上最早且最具影响力的授权展。

- 10 月：英国伦敦品牌授权展览会。主办方为英富曼会展集团、国际授权业协会。该展会为欧洲规模最大的授权展。

参加授权展会的主体包括参展商、专业参观人士、买家、媒体、普通观众等。因为授权展会一般是 B2B 的展会，所以基本不对 18 岁以下的未成年人开放。参展商参加授权展会的成本除了交通、食宿，很大一部分是搭建和展位成本，可以根据自己的实力和展位的面积去测算自身的投入。专业参观人士的主要成本就是差旅成本，参观授权展会都需要提前登记个人信息，有的授权展会收门票费，有的授权展会不收门票费，但是服务项目会单独收费，如会议室预定或客户预约、展会论坛和峰会等服务。详情可以在参加授权展会之前通过官网或公众号提前查询好。有的授权展会提供商业配对或一对一洽谈的服务系统（Match-Making System），参展商和买家可以在系统上提前预约双方见面的会议地点和时间，方便彼此交流。

另外，参加授权展会一定要提前做好充分的准备，提前找好约谈目标和意向客户，切忌走马观花，以致转了一圈一点有用的信息都没有获得。在展会上还必须学会主动沟通，不能一直等着其他人联系你，每一个遇到的客户或交流的对象都有可能成为未来的合作伙伴，一定不要错过这么难得的机会。

小互动

你最近 3 年参加过专业的授权展会吗？印象深刻的是哪一次？

030

国际授权业协会[1]

国际授权业协会在 1985 年成立于美国，由成立于 1980 年的授权业协会和成立于 1983 年的被授权商协会组合而成，之前一直被简称为 LIMA，2019 年 LIMA 正式更名为 Licensing International，中文依然被称为国际授权业协会，是全球授权行业最具影响力与权威性的非营利组织。

① 关于国际授权业协会的信息，参考了协会官网和公众号上的资料。

国际授权业协会的宗旨是促进全球授权行业的发展，提高授权行业从业者的专业水平，以及深化授权能创造更大商业价值的认识。国际授权业协会总部在美国纽约，在英国、德国、澳大利亚、中国大陆、日本、墨西哥设有办事处，在加拿大、巴西、意大利、法国、俄罗斯、印度、中国台湾等国家和地区委任代表，为世界各地的会员提供服务。全球现有超过1200家会员企业，遍及世界40多个国家和地区，中国的会员企业超过200家，包括授权商、被授权商、授权代理商、制造商、零售商、品牌顾问、法律与会计服务机构等不同类别。

国际授权业协会在全球授权领域具有非常广泛的国际影响力，是全球主要授权展会的独家赞助商，包括全球授权展·美国站（美国，拉斯维加斯）、全球授权展·欧洲站（英国，伦敦）、全球授权展·日本站（日本，东京）、全球授权展·中国站（中国，上海）、香港国际授权展（中国，香港）、纽约授权峰会（美国，纽约）、德国授权集市（德国，慕尼黑）等，会员参加授权展会和同期举办的活动尊享优惠折扣。借助协会在全球的影响力，可以拓展和积累人脉，并发展公司在全球新兴市场的业务。

一直以来，国际授权业协会致力于通过展会、研讨会、交流会、商业论坛、酒会派对等各类活动搭建跨界交流合作的平台，帮助会员企业挖掘自身授权业务潜力和拓展国际业务，并为会员提供多种商业机会和商业网络。同时，通过国际授权业协会网站、新闻邮件和电子期刊传递行业最新动态与市场趋势，使会员企业及时把握行业发展脉搏。此外，国际授权业协会还委托专业的咨询机构编制行业年度报告——《全球授权市场报告》，为会员企业决策提供依据。值得一提的是，国际授权业协会建立了全球性的会员数据库，通过广泛的会员网络，会员能快速、高效地找到合作伙伴。

小互动

你参加过国际授权业协会举办的活动吗?

031

中国玩具和婴童用品协会[①]

中国玩具和婴童用品协会简称中玩协，英文名称为 China Toy & Juvenile Products Association（CTJPA），前身为中国玩具协会，成立于 1986 年，经国务院国有资产监督管理委员会和民政部两部委严格审批，2011 年 6 月正式更名为中国玩具和婴童用品协会，是中国唯一的全国性玩具和婴童用品行业

① 关于中国玩具和婴童用品协会的信息，参考了协会官网和公众号上的资料。

社团组织，是中国政府指定的中国玩具和婴童用品行业在国际玩具工业理事会（ICTI）的唯一合法代表，同时，也是政府、企业、媒体和消费者认可的中国玩具和婴童用品行业的代言人。

中国玩具和婴童用品协会会员包括在中国境内从事玩具、婴童用品、模型和游戏的生产、销售、设计、检验、教育等相关业务的跨地区与跨部门的各类企业。中国玩具和婴童用品协会日常工作管理由会长和秘书处负责，秘书处设在北京。中国玩具和婴童用品协会的职责包括代表本行业企业利益，维护行业合法权益，反映会员诉求，协调会员之间关系，规范会员行为，维护公平竞争与市场秩序，对接政府，为行业、会员、政府提供服务，引领行业健康发展。

中国玩具和婴童用品协会是中国授权展的主办方，作为亚洲规模最大、最具影响力的专业授权贸易展会，中国授权展由中国玩具和婴童用品协会自 2007 年开始举办，至今已成功举办了 13 届，被公认为在中国市场上开展授权业务的最佳商贸平台。为国内外具有影响力、热门的 IP 授权项目提供了与各行业优秀制造商及零售商面对面深入沟通的机会。

中国玩具和婴童用品协会连续 4 年发布《中国品牌授权

行业发展白皮书》，也是全球唯一一份针对中国授权行业的发展白皮书。《2020 年中国品牌授权行业发展白皮书》由中国玩具和婴童用品协会首次和艾瑞咨询公司合作，并特别邀请了品牌授权专委会副理事长单位组成报告专家顾问组，从中国授权 IP、被授权商、授权产品市场及授权产品质量多维度分析中国授权行业现状。通过对授权商、被授权商、渠道商及消费者等的调查，用大数据洞察授权行业的发展趋势，为中国授权行业的发展提供了行业发展趋势和市场需求预测，进一步明确了发展方向。

小互动

加入专业协会对于 IP 和被授权商有什么益处?

032

阿里鱼[①]

阿里鱼在官网上描述自己为：“版权方与阿里商家的合作平台 一站式互联网授权解决方案。”阿里鱼于 2016 年 5 月上线，是阿里巴巴集团结合自身天猫、淘宝商务和阿里影业电影 IP 资源进行整合的版权交易平台。如今的阿里鱼有两种身份，一种是版权交易平台，促进天猫和淘宝店主与 IP 方快速合作；

① 关于阿里鱼的信息，参考了其官网上的资料。

第二种是 IP 代理，阿里鱼签约了很多国内外知名 IP，如精灵宝可梦、旅行青蛙等，作为版权代理商进行 IP 授权业务的开展。授权商入驻以阿里鱼定向邀约及合作伙伴邀约为主，或者是授权商邮件联系阿里鱼进行入驻申请。天猫和淘宝商家满足一定条件之后可以入驻阿里鱼。

阿里鱼具有如下特点：海量客户资源，大数据匹配洽谈，全渠道联合营销，自动化销售分账。

阿里鱼的主要服务内容包括授权交易、授权管理、联合营销、在线销售、自动分账服务。

阿里鱼为授权商提供 IP 授权新渠道：直达 10 万精选品牌和 4.24 亿活跃买家；为品牌商家提供丰富的热门 IP 版权，助力产品升级和营销升级。

假设被授权商有天猫旗舰店或符合标准的店铺，想要找授权商合作，可以通过阿里鱼进行沟通和联系。授权商也可以通过上述途径进行合作伙伴的寻找与合作，充分利用好平台的优势和资源。

阿里鱼与东方梦工厂达成的战略合作首秀——《功夫熊猫 3》是阿里鱼成功案例之一。该合作在天猫平台推出了上百款正版功夫熊猫周边，不但在首页当中设置专题广告，而且此次推出的产品不是简单地使用功夫熊猫形象印制产品，而是在深挖 IP 的这条路上打开了新思路，让周边产品看起来更加有吸引力，这个项目实现首月销售额突破亿元大关，曝光超 2.1 亿次。

✍小互动

阿里鱼是如何助力 IP 授权的发展的?

033

京纪圈[1]

“找源头 IP 上京纪圈。”京纪圈于 2017 年上线，是京东集团旗下的 IP 版权服务平台。京东的供应商或 POP 商家可以使用京东账号登录京纪圈平台选择所需的服务。京纪圈提供的服务包含多种 IP 类型：动漫游戏、影音综艺、名人明星、社交媒体、文体活动、文学文化等，目前入驻平台的 IP 有上千家。通过 IP 授权商、商家（被授权商）和京纪圈三方进行合作洽谈，IP 授权商和商家自主决定版权交易内容。京纪圈

① 关于京纪圈的信息，参考了其官网上的资料。

平台不收取平台使用费，也不收取交易扣点。依托京东电商平台资源，商家可以在京纪圈使用营销宣传、代言商演、产品定制、广告植入、IP 授权等多种个性化服务。涵盖 IP 整合营销、IP 版权交易和衍生品定制与售卖等完整的商业链。京纪圈是京东集团在文娱领域的重要布局，为京东集团拓宽了 IP 授权商业化道路。

自 2017 年上线至今，京纪圈已经成功运营了多个经典的 IP 合作案例，如精灵宝可梦与好奇纸尿裤、吾皇万睡与 Kindle、颐和园与京东食品年货节、Vivo 与世界杯等的合作，用“IP+产品+解决方案+京东商城线上销售”的模式，实现了 IP 和产品的合作，满足了销售诉求。

京纪圈基于但不限于京东生态的合作伙伴，同时可以为行业内的生产企业提供 IP 赋能。如果 IP 授权商或京东商家或产业链上的相关企业有合作需求，可以通过京纪圈进行合作的对接和洽谈，借助平台的力量和资源，实现快速的对接和成果转化。

小互动

IP 方进驻京纪圈后如何对接更多资源？

034

授权通[1]

“找 IP，上授权通。极速匹配海量优质 IP，助力企业效益倍增。”授权通于 2018 年上线，主要依托于深圳国际 IP 授权产业博览会。授权通有官网和微信小程序两种承载方式，入驻的 IP 授权商需要交纳年费，平台主要包括中国 IP、海外 IP、潮牌和设计师四大板块，细分为动漫、游戏、影视、文学、体

① 关于授权通的信息，参考了其官网上的资料。

育、明星、艺术等。授权通拥有与授权行业相关的合作资源库，包含玩具游艺、服装、食品饮料、主题空间、家居家纺、图书出版、礼品赠品、电子数码、婴童用品、饰品、文具、游戏软件、运动户外、健康美容和音乐音响等行业的商家。IP 授权商加入授权通之后可以参加免费的线上培训并获得中国产业千人峰会 VIP 门票，同时还可以享有在展会上的其他服务权益。授权通平台相对来说上线时间较短，发展成果需要时间的检验。

授权商和被授权商可以根据自身的情况，评估或尝试不同的平台。

小互动

授权通与深圳国际 IP 授权产业博览会可以带给授权商什么资源?

---

035 授权行业专业培训

中国品牌授权精英学院 • 授权经理人培训[①]

中国品牌授权精英学院 • 授权经理人培训由中国玩具和婴童用品协会品牌授权专业委员会和影响（北京）营销管理顾问有限公司主办。随着授权市场的不断扩大，一边是授权业务蓬勃发展，另一边是行业对人才尤其对有一定经验的授权经理人的需求量激增，人才的缺口日益明显。

① 相关内容根据中国玩具和婴童用品协会官网信息整理而成。

2018 年 6 月，中国品牌授权精英学院第一期课程在北京成功举办，这是中国首场针对中阶授权经理人的培训，培训目的是让具备一些授权基础知识及实操经验的从业者通过为期 3 天的系统学习，更加熟练地独立开展授权业务。课程主要包括品牌授权产业分析、知识讲解、策划管理、招商管理、工具管理、售后管理等板块。如何为原创 IP 定价授权金、如何计算和收取授权金等业务核心内容，深受被培训者的认可和好评。授权行业内的 50 多名学员参加课程并顺利结业。该培训班继在北京成功举办之后，还在上海和深圳成功举办。中国玩具和婴童用品协会历来扛着国内授权行业人才培养的大旗。从 2012 年起至今承办文旅部的国家原创动漫高级研修班，到 2017 年创办中国品牌授权精英学院，培育专业人才的火种生生不息。

新文创商学院 · 授权经理人实战培训班①

新文创商学院（New Culture And Creative Business School）由漫影互娱教育科技（深圳）有限公司投资运营，于 2017 年

① 相关内容根据微信公众号“新文创在线教育”发布的信息整理而成。

12 月正式上线，是中国首个垂直于文化创意产业的在线教育平台。新文创商学院致力于为中国文创产业培养一批具有全球视野与专业能力、社会担当及创新精神的行业领军者，积极推动文创产业不断创新发展，其主要业务板块包括在线教育、行业培训、海外游学等。

2018 年 11 月，由新文创商学院和深圳市版权协会联合主办的首期授权经理人实战培训班在深圳举办，为期 4 天。该培训班吸引了 60 多位文创行业从业者参与，其中包括 IP 授权商和被授权商。

授权经理人实战培训班的内容如下：

➢ 国际标准化操作专业知识。

➢ 中国式实战经验分享。

➢ 基地实践。

➢ 构建文创行业高端人脉圈。

新文创商学院授权经理人的培训特色是通过指派导师的培训与下基地的实战演练，将“理论+实战”相结合，让大家获得不一样的学习体验。以实战为出发点，课程以适合中国市场的实战经验及技巧为主要授课内容，快速提升学员的专业知识储备和业务能力，帮助学员解决在授权工作中可能会遇到的实际问题。

中国授权学院 · IP 主题商业班

中国授权学院 · IP 主题商业班由国际授权业协会和魔豆朝上共同主办。课程背景是全球品牌授权产业规模具有万亿美元的市场空间，近年来中国授权产业迅速升温，已经呈现非常好的发展趋势，但与美国、日本、欧盟等发达国家和地区相比，还有很大的差距。

IP 主题商业班的课程目标如下：

➢ 打造系列国际专业精英课程，促进产业发展。

➢ 为学员提供一个具有全球化视野的学习交流平台，打通全产业链，获得顶尖的人脉资源。

➢ 帮助企业解决 IP 项目发展中的人才团队问题、授权问题、市场营销和投融资发展问题。

IP 主题商业班的招生对象如下：

➢ 授权行业的高级从业人员（授权商、被授权商、代理商、品牌顾问等）。

➢ 企业董事长、总裁、副总裁、总经理、副总经理等高级管理人员。

➢ 零售（含电子商务）、影视、动漫、玩具、出版、法律、会计等行业高级管理人员。

2019 年 3 月，第一期 IP 主题商业班在北京成功举办，学员主要是来自授权、文创、地产、影视等行业的企业创始人和高层管理者。后续 IP 主题商业班又在上海和北京两地圆满举办。通过为期 3 天的学习，在多位行业资深“大咖”的授课及实战指导下，学员们对授权行业有了更深的见解，同时课程也促进了学员们之间的交流和合作，为项目落地搭建了桥梁。

授权行业是一个全新且发展迅速的行业，需要有专业的人才去应对不断变化的市场，所以根据自身的发展阶段和需求，派出不同水平的人才进行系统的学习势在必行。大家可以根据所在的城市和学习目标选择适合自己的学习机构和学习方式，相信每次学习都会有不同的收获。

小·互动

最近 3 年你有没有参加过专业的授权培训?

第三部分 合作意向达成后的签约流程

036

商业计划书：明确双方合作意向的工具

授权商和被授权商通过前期的沟通，进行到谈具体的合作条款的时候，彼此需要提交一些书面资料，包括双方的品牌或企业介绍、企业资质、相关证照等。关于合作有可能进行多轮洽谈，每一轮的沟通都要保留沟通纪要，把双方的关注点和合作期望详细地记录下来形成合作备忘录。

在进行授权洽谈时，被授权商需要准备商业计划书

（Business Plan，BP）。这里所说的商业计划书，并不是企业融资或路演的时候的那种商业计划（PPT），而是针对授权合作，被授权商有哪些具体的预期和计划。很多被授权商对授权的理解，就是支付给授权商版权金后，被授权商可以随便使用 IP 形象。事实上这种情况是不被允许的。

授权合作的商业计划书可以是 Word 或 Excel 形式，主要包含被授权商的基本信息、销售渠道、生产基地、市场推广计划、销售预估清单、授权品类需求等相关信息；企业的官方简介及证照资质、产品介绍一般作为商业计划书的附件。

被授权商的基本信息包括公司名称、成立时间、公司法定代表人、地址、联系人、联系方式、业务范围、近 3 年营业额、公司组织架构及具体人数、过往授权合作情况、食品饮料或婴幼儿产品的生产商购买相关保险的情况、企业是否曾获奖或取得相关荣誉情况等。

销售渠道包括线下渠道数量、线上渠道数量、自营店铺数量、加盟店铺数量、主要销售渠道信息、门店的实体照片。

生产基地包括基地规模、工人人数、是否符合国内国际的劳工认证、以往生产产品的照片等。

市场推广计划包括推广形式、推广预算、投放渠道、线上活动、线下活动安排、促销计划等。

销售预估清单包括产品种类、预计开发产品（或 SKU）[①]数量、平均每个产品（或 SKU）的批发单价、预估销售数量、批发总价、零售（吊牌）单价、零售总价等信息。

授权品类需求包括需要获得哪些大品类的授权、产品生产的周期、预计订货时间、预计上市时间。

被授权商提交商业计划书以后，授权商可以通过商业计划书的内容进一步考察该企业的整体实力，评估未来合作的效果和可能性。有时候，如果被授权商对于产品有非常好的市场推广计划及营销预算的话，授权商会考虑降低保底金或提供更多的资源去配合被授权商。

小互动

商业计划书对授权合作的意义是什么？

① SKU 全称为 Stock Keeping Unit，库存量单位。

037 授权合同的主要内容

当相关的合作大方向基本敲定的时候，授权商和被授权商（有时候会涉及代理商）需要着手准备签合同了。授权商和被授权商都有自己的合同模板和法务审核规定，一般来说，双方会协商合同的版本，授权商的合同相对来说比较全面，所以大多时候会用授权商的合同模板。

授权合同要约定很多的内容，所以有经验的授权商会准备两份文件，一份文件是大家可以协商讨论允许修改的商务条款，另一份文件是包含硬性的规定和常识性的约定的标准条款。这两份文件属于同一个合同，只不过一般会先行签署商务条款，将标准条款作为商务条款的补充部分；但这不是绝对的，有时候会同时签署商务条款和标准条款。

商务条款

商务条款主要包括如下几方面内容：

- 甲、乙（丙）的企业基本信息、付款信息、联系人等。
- 授权内容（IP）、授权区域、授权合作时间（开发期、上市期、销售期、清库期）、授权开发的品类、授权性质（是否独家）、产品销售的渠道等。
- 版权金的计算和交纳方式及时间、防伪标购买的约定等，以及授权商的形象图或版权证明等。

标准条款

标准条款主要包含如下几个方面：

- 授权产品开发的流程管理。

➢ 关于样品和审核的规定。

➢ 关于库存处理的规定。

➢ 关于促销活动或营销的规定。

➢ 双方的权责划分和违约责任。

➢ 双方合作的保密约定。

➢ 关于知识产权的规定和保护。

商务条款根据合作双方的意向可以进行动态的调整和修改，标准条款都是常规的固定内容，一般是不需要进行修改的。

授权书（授权函）

当双方确认好合同的内容后，授权商还需要给被授权商准备一份一页纸的授权书。授权书的作用一般是提供给第三方，作为二者合作的相关证明使用。形式内容大致如下：

授权书（授权函）

【授权商（版权方）】兹授权【被授权商×××公司】为我公司合作伙伴，授权该公司有生产和销售我公司形象产品的权利，可以在开发及销售产品过程中使用我方形象。

授权人：【授权商（版权方）】

被授权人：【被授权商×××公司】

授权时间：2020年1月10日至2021年1月9日

授权范围：××××形象服装鞋帽的开发生产、宣传和售卖

授权形式：普通授权

授权区域：中国大陆地区

本授权非品牌权利人同意不得转授权给任何第三方。

授权方：（盖章）

时间：2020年1月1日

小互动

授权商和被授权商在签署合同的时候需要注意哪些事项?

038

授权期限

授权合作需要首先确认双方的合作时间，因为合作时间的长短会影响相关商业条款的拟定。根据授权品类和内容的不同，授权时间的长短也会有所区别。按授权时间长短可划分为短期授权、中期授权、中长期授权和长期授权。

➢ 短期授权合作时间一般为 1 年以内。

- 中期授权合作时间一般为 1～3 年。
- 中长期授权合作时间一般为 3～5 年。
- 长期授权合作时间一般为 5 年以上。

授权商和被授权商在进行商务沟通时，需要基于授权的不同类别来谈合作的时间。在大多数情况下，假设连续签约 3 年，一般授权商会适当降低保底金。例如，如果签约 1 年，保底金为 20 万/年，如果签约 2 年，保底金为 17.5 万/年，如果签约 3 年，保底金为 15 万/年。当然每一个 IP 都有自己的授权规则，双方可以灵活掌握。

快闪店、美陈展、嘉年华、酒店主题房、营销推广、季节性产品等适合短期授权。

实体的产品生产、线下实体店等适合中期授权。

大型主题乐园的授权、投入研发成本较高的项目适合中长期授权或长期授权。

授权期限里面也包含了开发期、生产期、销售期和清库期。如果有的项目开发期限比较长，那么需要提前谈好授权期限，避免产品刚面世，授权期就到了的情况发生。

还有一点非常重要，就是在授权期限里，一定要标注界定条件，规避被授权商拿到授权不开发产品的情况，建议在签合同的时候标注，如果签约后半年内产品没有按时上市，授权商有权利收回授权且不退还保底金。为什么要做这样的规定呢？因为之前发生过某公司为了遏制另外一个 IP 的发展势头，独家买断了很多重要品类，将其“雪藏”，不进行开发，导致这个 IP 错过了很多产品化的时机。总之，大家在签约的时候要提前规避相关风险，避免在合作中出现上述问题。

小互动

授权商和被授权商如何选择合适的授权期限？

039

授权区域

明确授权区域，即被授权商在指定的区域享有这项权利，而不是在所有区域都可以行使该项权利。授权商和被授权商在进行商务条款的洽谈时，一定要注意授权区域这个概念的界定。

如果某项授权的授权区域是北京，那么被授权商不可以在天津使用该项授权；如果某项授权的授权区域是中国，那么被授权商不可以在其他国家使用该项授权。

如果授权商还没有完成海外知识产权保护和商标的布局及注册，一定不要开放海外的授权区域，一旦在海外出现了抢注册情况，维权成本会非常高。授权商若有发展海外业务的计划，建议提前 3 年准备海外或某特定国家的商标和版权注册。还有一点需要注意的是，要看一下被授权商是否需要港澳台地区的授权，如果需要的话可以注明并将具体的区域写清楚。任何超出授权区域使用授权的行为都是侵权行为。授权区域的最高级别是“全球范围”，建议授权商慎用此项权利，在没有十足把握的情况下，不要把所有的权益一次性授权出去。

✍小互动

双方为什么要在签约过程中达成关于授权区域的共识呢？

040

转授权

在授权行业里，转授权的英文是 Sub-Licensing，是指授权商 A 将权利授权给被授权商 B，B 有权利将该项权利授权给 C 使用。大部分被授权商没有转授权的权利，一般只有版权代理商可以做转授权的业务。转授权是授权行业的一个常用名词，同时也有相关的法律法规对转授权进行了界定，在法律条文中，转授权也被称为转委托。

《中华人民共和国合同法》第四百条规定，受托人应当亲自处理委托事务。经委托人同意，受托人可以转委托。转委托经同意的，委托人可以就委托事务直接指示转委托的第三人，受托人仅就第三人的选任及其对第三人的指示承担责任。转委托未经同意的，受托人应当对转委托的第三人的行为承担责任，但在紧急情况下受托人为维护委托人的利益需要转委托的除外。

《中华人民共和国民法通则》第六十八条规定，委托代理人为被代理人的利益需要转托他人代理的，应当事先取得被代理人的同意。事先没有取得被代理人同意的，应当在事后及时告诉被代理人，如果被代理人不同意，由代理人对自己所转托的人的行为负民事责任，但在紧急情况下，为了保护被代理人的利益而转托他人代理的除外。

授权商和被授权商在签订合同的时候，一定要明确是否可以转授权。一般来说，除非被授权商在开发产品之外还有做代理商的资源和能力，否则不要轻易将转授权的权利授予他人。

小互动

转授权的风险有哪些？

041 营销基金

授权商在与被授权商合作的时候，除了希望能有金钱方面的收益，更重要的是想要 IP 口碑和品牌的传播与曝光。所以如果被授权商的营销资源过硬，可以在保底金和分账洽谈时掌握一定的主动权。

举个例子来说，某 IP 常规品类合作的条件是保底金为 50 万元及零售额 5%的版税率，现在如果被授权商提出其可以让某一线流量明星使用产品并拍摄宣传物料进行曝光，或者保证产品植入当红电影或电视剧中，这个时候授权商会非常乐意让渡一部分保底金，很有可能经过双方协商，保底金变成了 20 万元，分账版税率降低到 3%，因为有顶级流量的曝光对品牌和 IP 来说是非常有价值的。该案例说明，营销环节是授权商和被授权商都非常看重的环节。所以双方在签订授权合同的时候，一般授权商会要求被授权商预留一定比例的产品销售额作为该授权产品的营销基金。营销基金有两种存在方式，一种是支付给授权商，授权商作为推广营销费用使用，另一种是留给被授权商，被授权商要将其作为推广的费用使用。如果被授权商需要向授权商额外定制带有 IP 的商业电视广告（TVC）、条漫、短视频或其他自媒体资源时，费用一般是需要额外核算的。

还有一个会涉及营销基金的主体是代理商，在授权商与代理商签约的情况下，大多数被授权商会将一部分收入作为营销基金，合同里面也会对营销基金有比较明确的规定。假设授权商与代理商签约的分账比例是 7:3，双方可以协商将收入的一部分或一定比例提取出来，作为该 IP 推广营销的费用，这样的做法可以使该 IP 更具有市场认知度和生命力，促进 IP 的良性发展。

小互动

营销基金对于双方的合作有何益处?

042

防伪标

很多人都会问这样的问题，即如何追踪被授权商生产了多少产品呢？怎么控制产品的数量并了解被授权商的生产规模呢？答案就是：防伪标。

在购买一件正版授权产品的时候，大家可以仔细看一下产品的包装或吊牌，上面一定会有一个闪闪亮亮的、印着一串小标志或能够刮开的灰色防伪码，这个就是授权商追踪产品的秘密武器——防伪标。在授权合同中，被授权商在预估好产品的生产规模后，需要向授权商申请防伪标，授权商会根据放标的数量去测算产品生产的规模和数量，一般防伪标的价格是0.05～0.2元一个，该笔费用需要被授权商单独支付给授权商。每一个防伪标都对应一个编码或二维码，这个编码或二维码是该产品的身份认证信息，通过授权商的防伪标查询系统，可以查到某产品是否入库，是否为正版授权的产品。

每一个授权商，在做授权的时候都需要建立自己的防伪标系统。防伪标一般是在授权商和被授权商的合同签署后进行申请和发放的。通过防伪标的查询可以做到对产品的追踪和溯源。防伪标有很多种类，包括激光防伪标、覆盖层防伪标、图形输出激光防伪标签等。授权商的防伪标需要定制。防伪标查询的方式也很多，通过网站、电话或微信公众号等方式都可以。

有的被授权商会通过不贴防伪标来瞒报产品的生产量，授权商需要提前告知被授权商这样做的后果，并在合同中明确规定，一旦发现被授权商没有在产品上按照规定贴防伪标，可以采取处罚措施。需要注意的是，没有贴防伪标的产品，都会被认定为盗版产品，授权商可以追究其法律责任。

小互动

防伪标是如何保护授权商利益的？

043

盗版

在上一节中，我们提到没有贴防伪标的产品会被授权商认定为盗版产品，那么下面我们就来说说关于盗版（Pirate）的那些事儿。

首先可以明确的是，盗版是一种违法侵权行为。在中国约束盗版的法律和规定包括《中华人民共和国著作权法》《中华人民共和国刑法》及《关于办理侵犯知识产权刑事案件适用法律若干问题的意见》等。盗版通常是指以营利为目的，在没有得到授权商同意或授权的情况下，通过信息网络向公众传播他人的文字作品，音乐、电影、电视、美术、摄影、录像作品，录音录像制品，计算机软件及其他作品，或者对他人拥有著作权的作品出版物等进行非法复制、生产、再分发和销售的行为。除了盗版书籍、盗版软件、盗版音像作品，还包括没有授权许可就生产开发的各种盗版产品。盗版产品也会被称作“山寨”产品。根据上面的分析，盗版的两个特征包括以营利为目的和未经授权商许可就使用。

在前些年，中国对于版权保护的法律体系不是很健全，盗版现象经常发生，很多劣质的盗版影像制品、出版物，或者其他盗版的产品充斥在市场里。随着整个社会法律制度的健全和进步，中国对于版权保护的力度变得越来越大，很多盗版商都得到了法律的制裁。

以拼插积木为例。乐高（LEGO），1932 年诞生于丹麦，是国际上极具影响力的积木品牌。2016 年，某公司因为盗版乐高的产品被告上了法庭，最终法院判决该公司向乐高集团赔偿 1500 万元。2019 年，该公司再次仿造乐高的产品，涉案产品金额超过 3 亿元，主要涉案人员被警方抓捕归案。这个案件非常有影响力，代表着中国对于版权保护的力度再次提高了一个等级。对于各种盗版和侵权的不法行为，国家相关部门在不断加大管理力度，让不良商家的违法成本越来越高，一旦商家铤而走险，最终会付出惨重的代价。

除了厂家或商家做好自我意识提升、尊重版权、依法生产，授权商也应该在这个知识经济的时代，注重自身知识产权的保护，提前做好知识产权布局，未雨绸缪，避免被侵权。

小互动

授权商如何避免盗版情况的发生?

044

图库

授权行业从业者必须了解和掌握图库的概念。在授权行业中，图库的概念与大众对于图库的理解有差别，即这里的图库并不是照片素材的集合。在授权行业中，除了商标授权和专利授权，大部分授权合作都需要图库的支撑，很多新开发的 IP，连基础图库都没有，这时，去和被授权商谈授权，这就如连弹药都没有准备好就想上战场打仗一样，从某种意义上可以说，图库就是 IP 授权商业化的“弹药”。图库的英文是 Style Guide，直译成中文为风格指南，国外有时候会称图库为某个形象的 Bible。

图库的定义

授权行业中的图库是指通过对于某个 IP 形象或影视内容的深度设计开发和挖掘，形成具有产品化和商业化价值的素材系统，主要目的是方便被授权商理解 IP，进一步开发产品及规范化进行 IP 的推广宣传行为，图库是 IP 的核心设计要素的汇总、商业化的规范指南和 IP 管理的重要参考。

图库的分类

图库可以分为很多种类型。按照内容可划分为基础图库（Core Guide/Master Guide/Fundamental Guide）、季节和节庆图库（Seasonal or Festival Guide）、主题性图库（Theme Guide）、包装图库（Packaging Guide）等；根据设计方式的不同，分为 2D 图库和 3D 图库。2D 图库可以通过 Adobe Illustrator 软件和 Adobe Photoshop 软件进行设计，3D 图库一般用 Autodeek Maya 或 3D Max 等软件进行设计。

图库的内容

基础图库里主要包含标准形象设计及故事背景介绍说明，形象三视图或五视图，形象标准色辅助色说明，基本表情和动作，道具/元素/徽章，标准字体说明，花边和底纹，场景，产品展示，形象使用指南规范，法律声明和使用范围规范等板块。

图库的主题

季节和节庆图库主要有春、夏、秋、冬四季，圣诞节，新年，春节，万圣节，情人节等。

主题性图库主要有冰雪主题、运动主题、海洋主题、色彩主题、宇宙主题、精灵主题、星座主题、植物主题等。

包装图库主要有食品包装、日用品包装、空间的包装、玩具包装等。

图库的管理

图库是一个 IP 的核心资产，包含了大量的设计说明和 IP 素材，只应针对付费的合作伙伴或有深度合作的客户开放，发送图库前需要让接收方签署保密协议，不得随意将图库发给第三方。一般来说，授权商在双方签约和付款流程完成后对被授权商开放图库。

成熟的 IP，必须有一套规范的管理系统，就像每一家企业都应该有自己 CIS（VI/BI/MI）管理系统一样。图库开发的周期比较长，需要结合当前的流行趋势和对于未来风格的预判，提前进行年度的图库开发计划。例如，明年的流行色是宝蓝色，那么可以规划一套以蓝色为主题的图库（蓝色宇宙、蓝色海洋），或者一年后举办世界杯或奥运会等赛事，那么可以提前设计与运动风格相关的图库。如果等到了窗口期再去开发图库，肯定会来不及的，务必提前进行规划和打算。通过系统的图库开发，可以有效地加速 IP 授权商业化。

小互动

授权商一般需要开发多少套图库才能开始商业化？

045

授权审核

授权审核是授权商对于被授权商通过图库设计的产品或根据合作内容开发的相关物料进行检查和确认的过程，这个过程也被称为授权监修。

大多数被授权商其实对于授权商及其 IP 的了解不是特别深入，即使通过培训并拿到图库后，开发出来的产品也会出现尺寸、搭配和用色上的各种问题。这时就需要授权商对被授权商的设计图进行审核和监修。当然授权审核不只是审核设计图，设计图通过之后审核样品、包装等实物，样品和包装通过审核后还要审核大货样，只有封样审核通过之后该产品才可以正式上市。

在授权合同里需要明确规定授权商的审核要求，除了产品的系列审核和监修，如果被授权商需要对产品进行推广宣传，那么所有需要对外发布的信息和图片，均需要授权商确认之后才可以进行发布。没有经过授权商审核就上市的产品和信息有可能存在很多问题，被授权商私自上市产品会构成合同的违约，授权商有权要求赔偿或解约。

进行授权审核的授权商一方的工作人员需要懂设计，并且要对 IP 的信息和细节了如指掌，能第一时间发现设计中的问题和缺陷。国内的授权审核时间相对比较短，一般 3～5 天就会给回复，正常情况下一两个月就可以完成审核流程。国外 IP 的审核和监修时间都比较长，单次回复也在一两周的时间，来回修改共计 3～6 个月，所以获得海外 IP 授权的被授权商一定要提前做好产品开发，避免因为审核问题耽误产品的上市。

授权审核是对产品质量或服务质量进行把控的重要环节，需要得到双方的重视，如果产品的质量不过关，投放到市场上会带来负面效应，也会影响产品销量和 IP 的口碑，所以一定要做好授权审核。另外，授权商在开发图库的时候，需要有专人对被授权商进行 IP 信息的培训和图库的讲解，这样有助于被授权商快速掌握设计要领，加快双方的开发进度。

小互动

在双方合作的期间内，如何加速授权审核?

046

产品抽查

产品抽查环节主要针对的是产品授权，一般发生在被授权产品上市后。为了保证授权产品的质量和确认生产数量，授权商需要通过不同的方式对授权商的产品进行监督和抽查。

在授权合同里，授权商会注明其有权要求被授权商提供财务审计资料和清单，从而确认授权产品的阶段销售情况和销售报表的真实性。此时被授权商不得拒绝授权商的核查和审计。同时，在合同里也会规定授权商有权在提前告知被授权商的前提下，由自己或委托专业的会计师事务所负责核查审计工作，如果发现审计结果与被授权商在核查前提供给授权商的销售报表不符，授权商有权要求被授权商对其支付高额赔偿，同时还有权要求被授权商承担委托会计师事务所发生的委托审计费及差旅费等相关成本。

除了通过官方的审计和抽查，授权商还需要通过几种“暗访”监督的形式进行产品的抽查。安排员工对被授权商的销售渠道进行监督，了解被授权商的渠道进货和销售情况，另外还有一个重要的抽查方式是统计网络的销售数据并进行核对。此外，授权商以消费者或渠道商的身份对产品进行真实购买，也可以发现很多的问题。有的被授权商为了少报产品数量、少支付版权金，会采用不贴防伪标或部分贴部分不贴防伪标的形式对产品进行销售。授权商通过反向采买的形式进行抽查，同时可以调研大货的产品质量，往往可以拿到一手证据，一举两得。

当发现被授权商有违约行为时，授权商一定要在第一时间掌握证据，与专业的律师或维权机构合作，视情节的轻重对被授权商进行及时处理。如果违约情节轻微，可以直接发警告函或律师函去震慑，如果情节比较严重，可以立即采取法律手段进行维权。

其实，授权商和被授权商的合作是需要互相信任与支持的，希望大家都能遵守规则，不损害对方的权益，也不违反合同和法律的规定，达到一个双赢的合作结果。

小互动

你认为产品抽查还有哪些方式?

047

清库期

我们在前面介绍授权期限的时候，也提到了清库期的概念。授权行业里的清库期一般是授权商为了照顾被授权商将剩余库存消化完而额外给对方的产品销售时间，在清库期不得进行新产品开发，只能将原有的产品快速销售完毕。

清库期主要发生在授权合作的末期。假设，一个产品授权合作签约 1 年，清库期 2 个月，那么到了第 12 个月的时候，产品就需要进行清库期的准备了，所有产品需要在第 14 个月之前售罄。实际上清库期的长短和合约的长短有关联。合作期为 1 年的，清库期一般是 1～2 个月，合作期为 2 年以上的合作，一般清库期为 3～6 个月，具体期限需要双方协商。

需要注意的是，如果被授权商在清库期内没有将授权产品清理掉或销售完毕，被授权商在清库期结束后是绝对不可以再进行该产品的销售的，否则就构成了侵权，需要按照双方的合同对授权商进行赔偿。如果库存确实比较大，建议被授权商提前 2 个月和授权商进行友好协商，试试可否再额外申请一段时间的清库期，前提条件是需要授权商书面同意。另外，如果在清库期内产品没有销售完毕，被授权商可以通过公益的形式将产品捐赠给有需要的第三方，这种处理方法授权商是可以接受的。

总的来说，清库期不在授权合同的合作期限里，是额外附加的一段时间。所以被授权商在合约结束前 3 个月就需要准备被授权产品的收尾工作和暂停研发工作，到了清库期需要迅速通过渠道政策或促销手段完成授权产品的清理和销售。

小互动

被授权商在清库期需要注意哪些事项?

048

授权合同延期

在履行授权合同的过程中有可能发生各种各样的不确定的问题。当双方没有按照原来约定的时间完成约定事项，导致履约延迟的情况发生时，就发生了合同延期的情况。导致合同延期的原因主要包含以下几个。

被授权商的原因

被授权商有可能同时签约多个 IP，在开发阶段发现自身开发能力不足，这时就可能影响其中一些 IP 的开发进度，从而造成合作的搁置和延期。另外，被授权商还有可能在合同签订后因自身经营出现问题或业务发展的方向变化等，无法在规定的时间内履行合同。

授权商的原因

有些版权方的审核要求严格、流程繁复，有可能导致产品不能按照预计的时间上市，使合同延期。在合作的过程中，授权商的版权归属发生了变化（被收购或被转卖给其他人），出现了版权变更的情况，也会影响合同的履行，有可能导致合同延期。

第三方原因或不可抗力

第三方原因或不可抗力也可能影响授权合同的履行。

因第三方原因影响合同的履行比较常见，例如，被授权商上游的原料供应工厂出现了重大问题，导致没有足够的原料对授权产品进行开发；某地产项目场地的临时维修改造，导致线下美陈展的执行受到影响等。

另外一个重要的影响因素是不可抗力，包括自然灾害、瘟疫疾病、政府禁令、战争等，这些不确定的因素也可能导致合同的延期。例如，新冠肺炎疫情突然爆发，使物流和工厂开工都受到了影响，此时在进行中的授权合同会受到一定的影响，双方可以根据实际情况进行有效的应对和协商，将双方的损失降低。

如果发生合约延期，合作双方需要进行沟通和协商以解决双方的争议，不要进行隐瞒和拖延，只有公开、及时地交流才能让双方共同面对困难和解决问题。需要注意的是，为保证双方的权益，若双方达成合同延期的共识，需要签订书面的补充协议。

小互动

授权合同延期的影响是什么？

049

授权合同终止

一般来说，授权合同终止的原因有四个。

自然终止

授权商和被授权商严格遵守合同的规定并按照要求履行了义务，当合同到期后，合同自然终止。

协商终止

在授权合同履行的过程中，因为双方或第三方的原因，导致合作无法继续进行，不得不进行合同终止协商，并最终达成一致，签署了合同终止补充协议，即协商终止。

单方违约终止

签署授权合同的某一方因为自身的原因，单方面提出解除或终止合同时，为单方违约终止。在这种情形下，违约方需要根据合同规定，对给对方造成的损失进行赔偿。

过错终止

签署授权合同的某一方，因为自身的过错导致合同无法履行，如版权方的版权归属出现瑕疵、被授权商提供的资料虚假或产品不合格等，也会发生合同终止，过错方需要对无过错方进行相应的赔偿。

《中华人民共和国合同法》规定：合同的权利义务终止后，当事人应当遵循诚信原则，根据交易习惯履行通知、协助、保密等义务。合同的权利义务终止，不影响合同中结算和清理条款的效力。

小互动

授权商和被授权商在合同终止的过程中需要注意哪些事项？

050 授权全流程

在前面的章节，我们对授权流程中的一些关键概念进行了深入了解与分析，现在我们对授权全流程进行一次完整的梳理。授权全流程包括以下 20 个环节：

- 初步意向接触。
- 了解背景和需求。

- 进行客户调研。
- 商业计划书准备。
- 计算版权金及合作预付款。
- 合同签约。
- 支付保底金。
- 开放图库。
- 品牌培训。
- 设计稿送审。
- 样品送审。
- 防伪标发放。
- 大货送审。
- 产品上市。
- 上市推广。
- 产品销售。
- 超额后继续申请防伪标。

➢ 超额后的版权金支付。

➢ 清货期。

➢ 最终核算/续约/终止。

最后有两个经验分享给大家。

第一，在很多时候，大部分授权项目的商务洽谈过程会持续比较久的时间，从初步确立合作意向到最终签约可能需要花费 2～12 个月，请提前做好充分的心理准备。

第二，授权项目的平均成单率并不是特别高，一线 IP 的成单率在 20%左右，二线 IP 的成单率约为 10%，普通 IP 的成单率只有 3%～5%，也就是说，普通 IP 的授权商开发了 100 个意向客户，最终能签约的可能只有 3～5 家，所以需要每一位授权人打起精神，准备好十足的耐心和干劲儿，做好被授权商数量储备，不要放弃任何合作线索。

小互动

请大家看一看自己有没有掌握好与授权行业相关的基础知识。

第四部分

授权行业重要知识点

051

马德里体系和《伯尔尼公约》

马德里体系是商标国际注册体系，目前由设于瑞士日内瓦的世界知识产权组织国际局（WIPO）进行管理。该体系最早建立于 1891 年，主要由《马德里协定》（1891 年）和《马德里议定书》（1989 年）两个国际条约组成，为商标所有人简化了行政程序，使其能在最短时间内以最低成本在相关国家获得商标保护，能够为大家降低商标国际注册的成本，由于其手续简便、节省时间、费用相对低廉，所以特别适合中小企业或初创企业。

虽然单一国家注册商标在实际纠纷中可以更加有力地维护自身权益，但是单一国家商标的申请流程慢且成本高，一般流程为 2 年左右，有些国家甚至需要 5～6 年。如果一定要在单一国家申请商标，建议至少提前 3 年做准备。所以，在开启国际化业务第一步时，可以先采用马德里体系进行国际商标注册，等在目标国的业务成熟之后，再逐步开始当地商标的申请。目前，马德里体系的成员国有一百多个。中国分别于 1989 年和 1995 年加入《马德里协定》和《马德里议定书》。

世界上第一个保护版权的国际公约《伯尔尼公约》的全称是《保护文学和艺术作品伯尔尼公约》，于 1886 年通过。《伯尔尼公约》对作品及其作者权利的保护，也就是我们常说的对版权和著作权的保护。该公约对艺术创作者提供了作品的保护手段和原则。《伯尔尼公约》以三项基本原则为基础，包括国民待遇原则、自动保护原则（不需要履行任何注册或登记手续）和版权独立原则。公约保护范围是缔约国国民或在缔约国内首次发表的一切文学、科学和艺术作品。中国于 1992 年加入该公约，成为该公约的第 93 个成员国。目前，《伯尔尼公约》

的缔约国将近 180 个，如果企业有 IP 输出计划，可以提前确认目标国家是否为《伯尔尼公约》的缔约国。

在本书第一部分我们简单地分享了商标和版权的一些基础知识，在申请国际商标和版权时，一般需要联系专业的代理公司协助执行，可以降低操作风险并加快流程的推进。

052

IP 打造初期的设计需求和服务流程

在本节我们所说的“IP”特指带有“吉祥物”性质的 IP，包括企业 IP（京东狗 Joy）、产品 IP（三只松鼠）、区域 IP（熊本熊）、赛事活动 IP（奥运福娃）、卡通动画 IP（小猪佩奇）等。

越来越多的企业和机构发现了 IP 的价值与作用，不管是传统企业还是互联网企业，都希望通过“吉祥物”IP 去提高自己的品牌价值，增强传播力度。那么企业在做 IP 建设的时候，需要了解和注意哪些方面呢？

需要了解的是，IP 的打造和品牌建设一样，需要长期的规划，并不只是简单地画一幅画或出一些周边产品。IP 的培养需要时间、金钱及专业的团队，这个过程就像养育一个孩子的过程，需要有时间的孕育、营养的补给和家人的照料。很多机构以为找人画个形象出来就是 IP，其实这只是 IP 打造中非常初级的一环，更重要的是后期的运营和持续的开发。整个 IP 的培育和运营是一个系统化工程，这里主要分享在 IP 打造初期满足 IP 呈现要求的设计需求和服务流程。

企业如果需要打造 IP，那么一般会有两个角色，一个是需求方，一个是服务方。需求方是企业本身，服务方有可能来自企业内部也有可能来自企业外部。很多企业没有专业的 IP 设计和开发人才，在这个阶段大部分企业都会从外部来寻求帮助。

IP 设计的第一步是明确需求和 IP 调研，主要包括时间节点和设计提交方式的确认，对机构进行全方位的了解，通过实地考察、研讨会、定性访谈去熟悉和掌握企业价值观、品牌定位、风格喜好、IP 未来的使用范围等，然后设置一个 IP 设计项目流程时间表。一般来说，从 IP 前期调研沟通到图库开发完成，大约需要 3 个月时间，这样可以保证作品的质量和效果。

IP 设计的第二步是基础形象图设定。经过前期的沟通，一般服务方会根据需求方的描述提交三个不同风格的线稿形象，由需求方选出一个来进行细化和完善。

IP 设计的第三步是形象图库开发。关于图库的概念我们在前面已经分享过，IP 的图库相当于 IP 形象的基本法和设计指导，里面涵盖非常多的设计素材和说明，图库开发的周期一般为一两个月。图库开发完成后，根据需求方的规划，看看是否需要做产品设计打样或进行更深层次的内容开发和打造。

IP 设计的主要流程如图 4 所示。

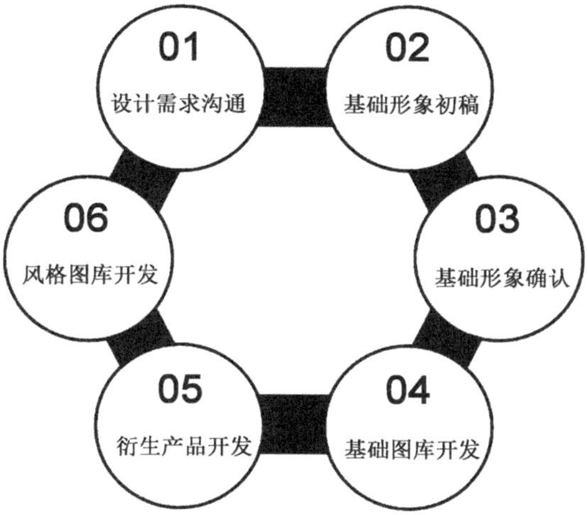

图 4　IP 设计的主要流程

大家需要注意的是，要建立明确的最终决策机制，由谁“拍板”非常重要。在 IP 设计的每一步都要有书面的确认环节，因为大家对于 IP 的理解都是基于自己的认知和审美，带有非常明显的主观色彩，如果没有书面确认的话，随时可能发生推翻原设计的现象，这样影响项目进度不说，也浪费了大家的时间和精力。

IP设计与开发成本因具体情况不同而千差万别，如果找学生帮忙设计一个基础形象可能只需要几百元，企业有设计师的话那么成本就是设计师的工资，如果请行业专家可能需要几十万元甚至几百万元，所谓创意和艺术无价。企业可以根据自身的能力出发去寻找能满足自己需求的团队，但是如果需要系统地打造 IP，建议还是找专业的设计团队。最终的成本会根据提供设计素材包的多少、设计师的经验和级别等不同的维度来进行评估，一般来说，从几万元到上百万元都是合理的。

053

IP 的孵化和基因

IP 主要通过内容、产品、推广活动等方式进行孵化和曝光。以阿狸为例，其最早的内容形式是四格漫画，后来慢慢出了绘本，随着互联网的发展不断产出互联网内容（表情、壁纸、皮肤等），然后出了动画片和短视频，未来还会有大电影的面世。从阿狸十几年的发展路径可以看出，在 20 世纪初诞生的 IP，包括张小盒和炮炮兵等，都由于互联网的广泛应用而获得了广泛的认可。

IP 的基因不同，孵化方式也会有所不同。就如同有的人天生丽质，后期靠先天条件就可以征服众人；有的人出生就含着金汤勺，丰富的物质支持也可以使他赢得一方天地；有的人长相平平，但是习得了广受称赞的才艺，靠着自身的努力取得成功。同理，每个 IP 的基因是不同的，其孵化方式或培育方式也各不相同。很多天生“颜值”高的 IP，自带吸粉能力，所以授权商需要利用先天优势推广自己的 IP，同时还要记得扬长避短。

一些企业 IP，因为代表着企业自身的品牌和价值观，相当于是企业给自己量身打造的“代言人”，这些 IP 的使命是传播企业价值，拉近企业与客户的距离，促进市场对品牌或企业的认知与认可。有很多企业都希望通过 IP 打造这条路径来直接变现，其实对于“企业代言人”这类 IP 来说是比较难的。首先，IP 的培育成本相对较高，投入较大；其次，比起商业化运营的 IP（非“企业代言人”类的 IP），被授权商选择企业 IP 做产品的市场相对较小，除非像互联网巨头那些企业，内部有足够大的消化能力，但仍有很多的局限性，人们可以接受一些企业 IP 的礼赠品，但不会特别喜欢自己花钱买企业 IP 的周边，除非这个企业 IP 能打造出与粉丝有共鸣的优质内容，如海尔兄弟。

很多不同类型的 IP 在如何打造方面已经有了非常好的样本，所以后来者只需要盘算一下自己手里的资源和底牌，考虑往哪个方向发展，选择一条自己更容易走的路。

想靠内容来打造 IP 可以学习迪士尼，想靠设计形象来打造 IP 可以学习 Hello Kitty，想依靠产品打造 IP 可以学习三只松鼠或江小白，想把企业 IP 打造成内容 IP 可以学习海尔兄弟。京东狗 Joy 最近也在出视频，如果未来可以做大电影的话，相信其商业化之路可以走得更加顺畅。

从生命周期来讲，IP 的生命发展规律可分为孵化期、成长期、成熟期和衰退期。通过时间的长短来区分的话，可以分为短期 IP（0～3 年）、中短期 IP（3～5 年）、中期 IP（5～8 年）、中长期 IP（8～10 年）、长期 IP（10 年以上）。我们常说，时间是检验真理的唯一标准，其实一个 IP 的真正价值，也是靠运营而累积的持续时间长度来体现的。

054

超级 IP 的特点

除了 IP 概念，还有一个概念叫作超级 IP（Super IP），近年来出现了很多关于超级 IP 的著作，在本书的必读图书推荐清单里就有吴声老师的《超级 IP：互联网新物种方法论》和陈格雷老师的《超级 IP 孵化原理》，这两本书对于超级 IP 做出了非常深刻的阐述和说明。在此我想和大家分享的是超级 IP 究竟有哪些特点。

认知程度高

超级 IP 的第一个特点，也是最显著的特点，即超级 IP 不仅在国内“妇孺皆知”，在国际上也享有一定的知名度。例如，米老鼠、蜘蛛侠、精灵宝可梦、熊本熊这些 IP 在全球的认知程度都很高。目前来讲，国际上对中国 IP 的了解主要还停留在熊猫和《西游记》上，这是在全球范围对于中国元素产生最高认知的两大 IP。然而，这两大 IP 在国际上的认知度也非常低，大部分人会说出《功夫熊猫》，少部分人知道《西游记》（*Monkey King*）。曾经有个笑话说，功夫是中国的，熊猫是中国的，《功夫熊猫》却不是中国的。熊猫是中国的国宝，但是其实却不算行业意义上的超级 IP。在这个维度上，《西游记》在国内的地位是毫无疑问的，但是在国际上的影响力还有待提高。2019 年，《哪吒之魔童降世》取得超过 50 亿元票房的好成绩，但是主要的观众还是集中在国内和海外华人群体中，并没有实现真正意义上的国际影响力。在国内可以被誉为超级 IP、有很好的商业转化且时间久远的，故宫为其一，故宫的文创产品年收入已经超过 15 亿元。但是在超级 IP 的道路上，我们还有很长的路要走。

商业价值高

超级 IP 的第二个特点是商业价值高。商业价值是超级 IP 的硬性衡量指标，不管是什么形式的 IP，最终都要实现商业变现，全球最赚钱的 IP 清单已经向我们展示了成为超级 IP 的门槛，其中前 50 名的收入门槛是 100 亿美元。如果 IP 不能变现，最终也会逐渐走向衰落，超级 IP 亦是如此。

内容优质并不间断地曝光

超级 IP 的第三个特点即内容优质并不间断地曝光，能够引发粉丝的共鸣和长久的陪伴。这是超级 IP 必须具备的精神内核。如果不能通过文字、音乐、动漫、影视等手段去丰富内容表现形式，超级 IP 就要不断推出新产品和活动，保持 IP 的热度和曝光度。IP 需要一直出现在人们的视线中才能保持生命力，从另一个角度来说，好的产品和好的活动，也是与粉丝连接的重要手段。

经过长期的运营和时间的沉淀

超级 IP 的第四个特点为经过长期的运营和时间的沉淀。但凡能被大众认定为超级 IP 的，基本都经过了长期的运营和积累，从几十年到上百年都有可能。这再次印证了 IP 的打造需要时间的沉淀，三五年有可能打造出一个爆款 IP，但是想成为真正的超级 IP，必须经过长期运营与不间断的优化，只有那些经过时间检验和岁月洗礼的 IP 才能成为超级 IP。

055

IP 商业化实现方式

在通常情况下，IP 商业化主要通过内容发行、衍生品销售、商品授权、游戏开发及线下体验（LBE）五种方式实现。

内容发行主要包括图书出版、音乐发行、小说发行、动画或电影发行、视频发行、漫画发行等。主要买单的合作方包括出版社、音像出版社、视频平台、电视台、漫画网站或 App 等。

衍生品销售主要包括自研产品销售和授权产品销售，通过产品买卖交易来进行变现和盈利。

品牌授权就是我们在第一部分里面分享的各种不同的授权方式，包括商品授权、主题授权、促销授权等。一般实物授权主要分为食品饮料、服装鞋帽、珠宝饰品、皮具箱包、家纺布艺、美妆日化、钟表眼镜、玩具、图文书具、餐厨用品、家电数码、运动户外、家居家装、日消快消、汽车用品等。

游戏开发主要包括通过原来 IP 的主要内容和情节，授权给游戏公司，改编成与原 IP 故事线和场景及角色有直接关联的游戏。因为游戏开发一般来说是投资大且独立的项目，所以我们把游戏单独拿出来做分类。一般来说，大型的网游和手游的版权金都是每年上百万元或几百万元，游戏授权的方式也是比较多样的，大部分采用保底金加分账的模式。

线下体验主要包括快闪店、主题展览、餐饮主题店、儿童乐园、主题乐园、竞赛活动等。线下体验也是 IP 授权商业化的重要环节。线下体验授权的时候大部分会搭配着一些实物的授权产品作为促销或营收项目。

通过内容发行变现的一项非常重要的方式就是大电影。

院线电影是 IP 最高级别的内容表现形式，特点是投入高、时间长，相对来说风险高，回报也非常高。所以不管一个 IP 的基因如何，在这里可谓有殊途同归的梦想，不管是企业 IP、区域 IP 还是产品 IP，大多数授权商的规划里其实都有做大电影这一步。如果大家正在规划电影项目，首先还是要评估自身的实力和资源，然后找专业的团队来进行执行和落地。在筹备电影的时候希望大家提前做好心理准备，少走弯路。

由于 IP 授权合作的每一个案例都具有特殊性，所以授权并没有固定的标准，只有约定俗成的方式和范围，可以说，授权合作是一项凭着双方经验和资源去互相博弈的结果。随着互联网平台的不断发展，为 IP 运营变现提供了更多的可能性，国家也正在积极搭建数字产权交易平台，致力于泛娱乐 IP 运营变现的金融化和平台化探索。

056

衍生品开发的注意事项

衍生品或周边产品的开发是 IP 实现商业化的重要手段。很多授权商在开始做 IP 运营时都会先自己研发一部分产品作为打样或用来作为粉丝福利，然后慢慢开始做衍生品的售卖，等自研产品有一定销量的时候，也预示着 IP 可以通过授权来变现了。

因为大部分被授权商都来自实体产业，他们有更多的经验和渠道，所以授权商可以在 IP 的审美和合规层面去指导被授权商，尽量不要插手被授权商对产品的专业开发，毕竟被授权商对于产品生产的经验丰富，大家各司其职，保证自身的专业品质即可。有很多企业会开发自己企业 IP 的衍生品，与授权商前期自研开发衍生品的阶段一样，这时候大多数机构欠缺经验，以为在网上找几个价格低廉的供应商就完成任务了，殊不知做产品开发也是一条漫长且专业的路。

首先第一条要明确的是做衍生品的目的。美国咨询顾问西蒙•斯涅克因发现黄金圈法则而闻名于世。黄金圈法则强调的是目的、手段和结果。我们做衍生品开发也需要遵守这样的一个法则。先厘清自己开发产品的目的是什么。如果是礼赠品，作为日常社交或活动的伴手礼，那么相对来说开发的难度是比较低的，主要平衡好成本和品质即可。如果做产品的目的是商品，需要上架销售，那么需要注意的问题就会非常多，具体有以下几个方面：

➢ 注意提前量。产品的规划和筹备尽量要往前提，很多做产品的企业是提前一年规划下一年的产品开发细节的，比较稳妥的是提前半年，如果临时想开发产品，一般会面临成本高、质量差、无法达到预期等结果。另外，春节前一个月到后一个月，很多工厂都会陆续停工放假，如果在年底做产品开发，需要考虑这个因素。

- 注意周期性。不管做什么产品设计，都需要一定的生产周期，这是大家都需要了解和关注的，一般需要开模的产品生产周期相对比较长且成本高，平面印刷的产品生产周期相对短一些。
- 注意时效性。有很多衍生品是季节性或节庆主题的，如雨伞、T恤或圣诞礼品，一旦错过了最佳上市时间，只能甩卖处理或积压到明年，所以具有时效性的产品要关注上市时间。

设计师在开发产品时，一定要设计有价值的产品，或有使用价值，或有观赏价值。如果团队是第一次开发产品，最好提前做产品的调研，千万不要生产大家都不需要的产品。设计师应注意以下两点：一是艺术品不等于大众商品。艺术品一般因为其特有的艺术价值而被世人追捧，但是艺术品从某种程度上说是小众的、高价值的商品。和普通人日常消费的产品不能混为一谈。二是产品在设计和生产前是需要提前规划销售模式、销售渠道和推广方式的，如果没有提前做好渠道布局和市场调研规划，直接按照自己的想法生产产品，那很有可能不会得到市场的认可。

另外，还需要注意生产成本，关注设计和产品包装的安全性，关注受众人群，不同群体对于衍生品的需求肯定是千差万别的。希望大家在做衍生品开发的时候能够做好准备，尽量少踩坑，多出精品。

057

如何打造企业 IP

在授权行业的语境里，企业 IP 可以被直接理解为企业的“吉祥物”、卡通形象或卡通代言人，如京东狗 Joy、知乎的北极狐刘看山、百度的小度熊、天猫的猫等。有的企业也会将创始人或核心成员打造成自己的企业 IP，如格力的董明珠、美 One 的李佳琦。另外一个与企业 IP 强关联的就是产品 IP，典型代表是三只松鼠和江小白。打造企业 IP 可以拉近企业与消费者之间的距离，尤其受到年轻人的欢迎和喜爱，加强与客户的情感连接，还可以降低推广的成本，扩大推广声量。

打造企业 IP 的时候需要注意以下几点。一是企业 IP 的设计外观和内涵要与企业文化及品牌理念保持一致。企业 IP 传达的就是企业文化和价值观，如果两者的表达相悖，那么这个 IP 是无法为企业发展做贡献的。二是企业 IP 需要有一个好记且与企业理念相关的名字，这样更有利于 IP 的传播，也更利于大家记住这个 IP 形象，起名字也是非常有讲究的，如果名字过于生僻或拗口，都会让大家对这个 IP 产生距离感。三是企业 IP 的形象设计需要简洁明了，颜色及图案不要太过复杂。四是要看这个 IP 是否方便做成人偶，如果造型奇怪，无法做人偶，那么会降低传播的可能性，对企业来说也是一个非常大的损失。

企业 IP 设计出来之后，还需要长期的运营和推广传播，需要专业的团队进行有节奏的市场推广，这样有助于企业品牌的提升。在新冠疫情期间，很多学校都开始用钉钉上课和打卡，导致中小学生纷纷给钉钉打差评，一段时间内钉钉评分低至一颗星。钉钉通过自己的 IP，黑色小燕子“钉三多”在 B 站上进行了一波品牌公关，采用了年轻人最喜欢的形式，发布一条《钉钉本钉，在线求饶》的小视频，不仅在行业内引发共鸣，也顺利出圈获得了中小学生的谅解，评分从一星上升到 2.5 星，钉钉一星事件是近期企业 IP 化解公司危机的典型案例。

企业 IP 的打造是一个长期的系统工程，同时，企业 IP 的打造和推广应该与整个企业的发展战略相结合，每年都需要制定 IP 的市场活动及 IP 年度传播方案。虽然企业 IP 有时候也要靠一些热点来增加自身的曝光度，但是企业 IP 的核心还是需要传播企业的理念和价值观，不能一直随波逐流，而是要做到引领潮流。

058

如何打造区域 IP

这里所说的区域 IP 主要是以官方为主导而打造的代表一定区域的卡通 IP 形象及一系列相关符号和素材。区域 IP 可以是当地的代言人，可以是区域友好大使，也可以是一个搞笑担当或媒体传播担当。区域 IP 中的“区域”没有大小区域的分别，可以是一个省级 IP，可以代表一个市（城市 IP），也可以代表一个区、一个乡镇、一个村子或一个小区。

打造区域 IP 的意义重大，不但可以深度挖掘城市文化资产，树立当地形象，扩散社会影响力，还可以提高城市的品牌知名度，从而推动城市文旅产业建设。通过打造区域 IP 快速参与渗透城市产业经营，为当地企业创造一个共享 IP 的生态圈，增进拓展文创类产品的消费渠道和市场，最终促进整个城市产业经济发展。

打造区域 IP 最成功的案例是日本的熊本熊，通过熊本熊带动了当地经济的发展和城市知名度的迅速提升，熊本熊自 2010 年诞生到 2020 年，实现了从孵化到火爆的完美呈现，2019 年其全球授权产品收入已经超过 100 亿元。除了熊本熊，大部分日本的县都有自己的“吉祥物”，如群马县的群马宝宝、须崎市的吉祥物新庄君等。

打造区域 IP 的一个重要建议是一定要让这个 IP 活起来，具有人格化，而且还要接地气，区域 IP 最好有明显的性格特征，如吃货、懒散、害羞等，让人感觉它就像身边的一个真实的朋友，有自己的优点，有自己的缺点，有自己的个性和脾气。不能把区域 IP 打造得过于完美，这样很难引发群众的共鸣，也会让人敬而远之。

一般来说，“吉祥物”IP 形象主要有几种表现形式，第一种是动物，第二种是植物，第三种是精灵（根据现实中的动物或植物演绎出来的），第四种是真人。在做 IP 打造的时候，这几种形式是最常见的表现形式。以区域 IP 来说，动物形态的 IP 占很大比例，而且几个形式的最终呈现和商业化价值也是逐渐递减的，总体来说小动物的 IP 打造还是最为稳妥的。

在区域 IP 的设计上，形象的主要形状建议尽量圆润，还要减少尖锐和有棱角的部分，颜色不能过于复杂，最好不超过 5 种颜色，形象面目记忆点要突出，让人一眼就能记住，尽量做到高度拟人化，表情呆萌，头身比例参考婴儿的比例。

区域 IP 最重要的是与当地的特点结合，可以是历史人文，也可以是美食餐饮，还可以是经济作物、自然风光，具有当地特点的区域 IP 才能更有说服力，最后还要给区域 IP 量身定制好故事和使命，让“吉祥物”的生命更加鲜活和有意义。

除了自行设计或委托专业团队来设计区域 IP，通过专业竞赛向社会征集区域 IP 方案也是一种非常好的方式，通过群体的智慧发掘当地的特色。AIM 国际设计竞赛在近几年帮助南京高淳、苏州树山和海南昌江等地打造了一系列的区域 IP 和文创产品，获得了当地居民和社会各界的广泛赞誉。AIM 国际设计竞赛组委会希望通过竞赛唤起设计师的热情和对社会的责任感与使命感，积极去思考与行动，当一群人都在为区域 IP 献计献策时，爆发出的能量是十分巨大的。

最后还是要强调一下，当区域 IP 或“吉祥物”打造出来之后，更加重要的是专业团队的运营和推广，如熊本熊运营了十几年才取得了今天的成绩。IP 的打造需要时间的沉淀和累积，区域 IP 不是设计出来就能马上实现商业化的。

059

如何打造景区 IP

景区 IP 与旅游紧密结合，针对的目标受众主要是来当地旅游的人群，也可以理解为景区 IP 是代表景区且具有鲜明特色元素和可记忆的符号或形象。中国目前有将近 300 家 5A 景区，有大大小小无数的旅行打卡点，还有博物馆、知名高校、主题乐园、商业街区或特色园区等旅游目的地。这些地方都可以通过 IP 打造拉近与游客之间的距离，并实现更广泛的传播，获得更高的关注度，从而增加景区的客流量，提升景区收益。

景区承载了历史人文、自然风光、房屋建筑、娱乐设施、剧场演艺等不同的元素，具有不同的特点。景区 IP 打造的任务是把这些元素形象化、具象化、符号化、人格化，最终产品化。以园林为例，大多数园林里的亭台楼阁、竹石玉树都让人目不暇接、流连忘返，每个园林都有自己的故事和文化积淀，但是并不是所有人都能在游园之后就能记得园林有什么特色，转了一圈好像也没什么可以买回去带走的，过了一段时间可能完全无法回忆起当时在园林里都看到了什么。假设这个园林打造了一个可爱的卡通 IP 叫小园君，通过小园君来为大家讲故事，把抽象化的景区打造成有记忆点的形象来介绍景区，则有助于加强游客记忆点并引发游客共鸣。如果还打造了专属的小园君衍生品，那么可以让人更愿意花钱购买具有景区特色的产品，从而带动景区的商品销售。此外，景区 IP 打造的重点，除了关注 IP 本身的设计层面，更要关注衍生品和主题空间层面。人们到一个地方旅行，离不开的就是吃、住、行、游、购、娱。这六方面被誉为旅游六要素。在景区的规划中，IP 的打造一定要与六要素紧密结合。中国杭州打造西子猫猫家族就体现了上述提及的相关要素，西子猫猫是由上海时代卡通研究院设计开发、由杭州西湖风景名胜区资产经营集团倡导的，以传承国风文化、推广杭州旅游为核心使命的 IP 形象，在 IP 的运营和商业化过程中充分体现了旅游六要素在 IP 层面的广泛应用。

抛开迪士尼优质的内容不说，迪士尼乐园绝对可称为全球景区 IP 打造的典范。当前国内的景区无论自然景区，还是人为打造的度假区、博物馆景区，从变现能力上来说，能超越迪士尼的还没有出现。目前做得比较好的是方特主题乐园，故宫也做出了重大的突破。现在越来越多的传统景区意识到了 IP 的商业价值和重要性，不断在景区 IP 打造的道路上进行探索。每个景区都需要将自身特色的资源和优势进行深度的发掘，从而可以打造一个专属于自己且具有持久生命力的 IP，让我们拭目以待。

060

IP 授权与艺人经纪的异同

IP 授权的商业模式，也可以被称为版权交易，虽然看似与艺人经纪离得很远，但是其实二者的商业逻辑是非常接近的。一般从事 IP 授权的工作人员被称为商务经理、授权经理、版权经理或版权经纪人，从事艺人经纪变现的工作人员一般也会被称为商务经理或演艺经纪人。

二者相同点

IP 授权和艺人经纪有以下相同点：

- 二者都属于租赁关系或代言关系。IP 授权和艺人经纪在大部分的合作中其实属于租赁关系或代言关系。举个例子，某饮料第一年在包装上印的是某古风动画形象，第二年换成某当红艺人，在这样的合作里，IP 或艺人的形象在一年的合作里是“租赁给”被授权商的，这二者都是这款饮料在不同时期的代言人。

- 艺人属于个人 IP 的一种。我们分析过 IP 的分类，艺人常常会打造人设，这也是艺人要塑造的个人 IP。个人 IP 不止包括艺人，也包括学者、企业高管、政治领袖等。

- 二者都靠实力、颜值或名气吃饭。艺人一般会分为“实力派”和“偶像派”。“实力派”考察的是演技、艺术能力和水平；“偶像派”主要看颜值和气质。IP 授权也是如此，天生颜值高的 IP 自带吸金能力，颜值一般实力好（内容或产品优秀）同样可以称霸授权市场。

- 二者都需要有优质产品、内容或作品支撑。不管是艺人还是IP，都需要有好的产品、内容或作品，这样才能有市场竞争力和热度，一味靠炒作出名的艺人，不会红太久，IP 也是如此。

- 二者都会出现粉丝经济。艺人主要依靠的是粉丝经济，通过粉丝的追捧和支持来进行变现，粉丝社群有组织、有制度，也会定期举办线上线下活动来拉近艺人与粉丝的距离。国内很多卡通 IP 也会像艺人一样举办生日会，当红游戏《恋与制作人》的男主角李泽言和白起过生日的时候，也会有粉丝为其打榜应援、购买广告位。在这个时候，真人“爱豆”（偶像）与虚拟“爱豆”（属于我们所说的 IP 范畴）对于粉丝来说是一样重要的。

二者不同点

IP 授权和艺人经纪有以下不同点：

- 艺人的生命周期比较短。与内容型 IP（电影、卡通、漫画、设计形象等）相比，艺人“红”的周期会比较短，每年都有一大群艺人冒出来，同时有一大批艺人消失在公众视野，娱乐圈里的“常青树偶像”屈指可数，而 IP

授权行业“火”了几十年的卡通形象却非常多，它们不会衰老和死亡，更不可能有哪个艺人可以像米老鼠一样在 90 多岁“高龄”依然持续活跃并创造如此之高的商业价值。

➢ 艺人容易出现污点或“黑料”。艺人都是“披着光环的”普通人，只要是人就会有弱点，很多艺人禁不住诱惑，在当红时出现各种难以预计的负面新闻和违法行为，直接将自己的演艺生涯断送不说，也会影响公司的信誉和合作伙伴的口碑。内容型 IP 相较于艺人其安全稳定性高很多，它们基本不会有绯闻、不会对品牌造成负面影响。

➢ 艺人的天赋好的话培养成本相对较低。艺人如果天赋很好的话，经纪公司的打造成本相对来说是比较低一些的，主要投入会放在后期推广宣传和资源的对接上，且一般真人影视的拍摄成本也低于动画片的制作成本；内容型 IP 的打造成本一般都比较高，制作动画内容更是一个比较复杂的团队工作，前期投入高。

在一定程度上，IP 授权和艺人经纪的工作是相辅相成、相互关联的，IP 版权运营公司和艺人经纪公司的商业逻辑和资源也是可以互相转换的，很多艺人为了拉近与粉丝的距离并保持自己的“热度”也在尝试打造属于自己的卡通 IP 或虚拟 IP。

061

中国授权行业发展的历史

授权行业与知识产权转化息息相关，理论上应该属于第三产业，但是特殊的是，授权行业与制造业又紧密联系，只有第二产业发达了，才能更好地促进和推动授权行业的发展。

中国授权行业的发展历史与经济建设的脉络其实是相辅相成的，没有中国经济的发展，也就没有中国授权行业的发展。

中国授权行业的萌芽期（1990—2000 年）

20 世纪 90 年代初，在经济发展的浪潮下，中国贸易业务增长，各类工厂如雨后春笋一般纷纷出现，为授权业务的萌发提供了现实条件。迪士尼是 IP 授权的“鼻祖”，同样也是中国授权市场的开拓者和引领者，帮助中国培育了一大批授权商和被授权商。迪士尼最初没有在中国开设子公司，主要业务皆通过中国香港的迪士尼进行拓展，大部分被授权商来自中国东南沿海经济发达的地区。在这段时间里，中国本土的 IP 还没有实质性的大规模授权业务，加之当时没有完善的知识产权保护体系，人们也大多没有知识产权保护意识，在新的商业模式下出现很多的问题，出现很多版权使用不规范或盗版的现象。

中国授权行业的成长期（2000—2010 年）

随着 21 世纪的到来，中国的授权业务经过将近十年的积累和市场培育开始成长起来，前文《蓝猫淘气三千问》线下连锁店授权的案例，就是最早的大规模本土 IP 线下授权的模式，尽管那个时候可能没有使用“授权”的概念而是用的“加盟”或“特许经营”的概念，实际上走的是主题空间授权的模式。自从 2003 年中国加入 WTO 以后，对于知识产权的保护和国际商业标准的遵守又上了一个新台阶，很多知名的国外 IP 企业来到中国开设子公司或设立办公室。2003 年起三丽鸥在上海陆续成立了几个公司。2004 年，迪士尼也将上海定为区域总部，上海的特殊经济地位吸引了一大批的 IP 企业入驻。

此时，中国互联网开始大范围普及，随着互联网的发展，新的一批 IP 伴随着互联网的崛起逐渐曝光在大众的视野里，像阿狸、张小盒、炮炮兵等 IP 都是在这个时间段里孕育出来并逐渐成长起来的。互联网为这一批 IP 提供了巨大的流量红利，从而也推动了整个授权业务的发展。从 IP 的准备到商业条件的日臻成熟，虽然这个时候还是以欧美和日本的 IP 为授权市场中的主导 IP，但中国本土 IP 授权在这十年里也开始茁壮成长起来。

中国授权行业的发展期（2010—2020 年）

到了 2010 年，更多的 IP 开始涌现，国内 IP 的授权案例也越来越多，本土 IP 也受到了被授权商的青睐，中国 IP 开始发展壮大，互联网企业纷纷布局授权行业，整个授权市场的份额也越来越大。2015 年被大多数人称为中国的 IP 元年，自 2015 年起，IP 授权行业算是真正地进入主流市场中，也逐渐被大众所接受和喜爱。各种不同风格和题材的 IP 在授权行业里大放光彩。

2017 年开始，中国玩具和婴童用品协会正式发布《中国品牌授权行业发展白皮书》，这也是全球唯一针对中国授权市场的发展白皮书。连续三年，中国的授权行业规模都在持续扩大。《2020 年中国品牌授权行业发展白皮书》显示，中国授权市场规模已经达到 992 亿元。白皮书中还指出，按照企业实际开展的授权业务统计，2019 年年底，在中国开展授权业务的企业总数达到 542 家，同比增长 31.6%，已经开展授权业务的 IP 为 2006 项，同比增长 36.2%。通过近几年的数据分析可以得出，中国授权业务规模连年增长，相信下个十年，中国品牌授权行业会取得更大的成绩。

062

IP 授权的意义

2020 年 6 月，中国玩具和婴童用品协会发布的《2020 年中国品牌授权行业发展白皮书》显示，中国授权市场规模已经达到 992 亿元。同年，国际授权业协会在美国纽约也发布了《2020 全球授权市场报告》，最新统计的调查数据显示，2019 年全球授权商品零售额增长至 2928 亿美元，比 2018 年的 2803 亿美元增长 4.5%，为 6 年来增幅最大。无论从全球角度还是国内角度来看，授权行业的市场规模都是在不断扩大的。

毫无疑问，优质 IP 能为被授权商带来更大的经济效益。他们希望通过与优质 IP 合作，带动自己的生意，获取更多的用户，节约推广费用，提高自身的品牌价值并提升大众对品牌的认可度。通过 IP 授权合作来吸引大众的关注是很多企业的方向和手段。同时，IP 授权产品会吸引双方的粉丝一起来关注和购买，IP 授权会弱化产品和服务的商业感，消除品牌跟消费者之间的距离感，同时在视觉上更引人注目，迅速提升新兴品牌的知名度。例如，我们常去吃的肯德基、德克士等，经常会联合知名 IP 进行推广和营销，还会做很多相匹配的衍生品来促销导流。整个授权行业的发展，也促进本土传统 IP 的商业化和回归，例如，2020 年的“618”，京东发挥自身的平台优势与品牌资源优势，与上海电影美术制片厂联合做了一波内容营销，将我们小时候喜欢的卡通形象黑猫警长、葫芦娃等与京东狗 Joy 进行全新的故事演绎，打造了品牌动画电影《Joy Story Ⅲ：重返 618 号》，通过新媒体的发行和传播，完成了 IP、品牌、产品、销售和推广不同维度的完美结合。

随着“二次元”人群的不断扩大，且其购买力不断增强，“二次元”文化进入主流视线，吸引年轻人的注意和喜爱也是各大被授权商非常关注的焦点。新一代的年轻人更愿意为正版 IP 付费，以盗版为耻。《魔道祖师》曾经和可爱多冰激凌进行了一波授权合作，深受粉丝的喜爱，不但产品销量大幅度增加，线下快闪店也吸引了无数粉丝前来打卡。

总而言之，IP 授权可以促进产品的销售、提高产品的利润、促进品牌的传播、降低推广的成本、提高消费者认知。不管是国际上的知名企业还是国内的企业，都越来越重视与 IP 的合作，这是授权商和整个授权行业的机遇。当然，授权合作不是雪中送炭，而是锦上添花，其核心还是要有好的产品或好的服务，通过 IP 的赋能和催化才能释放更大的能量。

第五部分

全球知名IP授权商业化案例

063

米老鼠：动漫 IP 授权业务“鼻祖”

迪士尼创始人华特·迪士尼先生从一开始就将“为所有人创造欢乐和幸福”定为公司的目标，在过去将近 100 年的时间里，迪士尼始终如一地坚持着最初的理念。

米老鼠是一个给人带来快乐的角色，1928 年诞生于美国，如今已经 90 多岁了，是迪士尼标杆性的卡通形象，在全球拥有极高的知名度。维基百科相关数据显示，米老鼠及其朋友们是全球第四大赚钱的 IP，累计收入高达 700 亿美元。

米老鼠与中国人的缘分非常深厚。1984 年，中国中央电视台与迪士尼达成协议，于 1985 年开始播放动画片《米老鼠与唐老鸭》。但其实米老鼠进入中国是在更早的时间：20 世纪 30 年代，当米老鼠在美国“大火”的时候，很快就被引进到了中国，可以说我们与米老鼠成为朋友的时间非常久远，这也是米老鼠在中国大受欢迎的原因之一。

在 2020 年鼠年春节期间，古驰（Gucci）、李宁、Zara、Only、Adidas、SK-II、美宝莲、潘多拉、悦诗风吟诸多知名品牌都与米老鼠 IP 授权商进行了深入的合作，涉及服装鞋帽、箱包、饰品、潮流美妆等各大品类，从整个市场来看，米老鼠是 2020 年初授权 IP 的最大赢家。

除了授权合作，迪士尼还有一项非常重要的收入来源——乐园，目前全球共有 6 家迪士尼乐园。2005 年 9 月正式运营的香港迪士尼乐园是中国的第一家迪士尼乐园，第二家是于 2016 年 6 月启动运营的上海迪士尼乐园。

目前，迪士尼面临着米老鼠版权将于 2023 年到期的问题。

之前通过游说和变更法律已经两次延长米老鼠版权年限的迪士尼需要面临更多的挑战，同时，迪士尼的各种尝试可以为其他的 IP 提供借鉴，不管怎么样，相信有近百年积淀的迪士尼肯定会通过各种方式和途径保护好自己的核心 IP。

064

《小猪佩奇》：授权业界的奇迹

《小猪佩奇》（Peppa Pig）于 2004 年诞生于英国，在 BBC 电视台进行的首次播放，是一部针对 3～6 岁儿童的动画短片，该片之前也被翻译成《粉红猪小妹》，目前已经有 200 多集。故事主要讲述了主人公小猪佩奇、弟弟乔治和它们的爸爸、妈妈在日常生活中发生的趣事，同时也展现了它们在学校里与老师、同学们一起学习和玩耍的场景等，情节轻松愉快，是近期全球最成功的一部学龄前儿童动画片。

2015 年 10 月，《小猪佩奇》由香港山成集团引入中国，并于当年登陆中央电视台，随后在优酷和爱奇艺上线播放，2018 年，《小猪佩奇》网络全平台点播数量已经达到 1000 亿次。随着知名度越来越高，《小猪佩奇》这一 IP 与 3～6 岁相关的几乎所有行业和产品品类都有授权合作，如玩具、服装、食品、童书、日用品、箱包、床上用品等。2016 年，小猪佩奇 IP 授权商与 500 多个被授权商合作，总收入约 70 亿元。

2018 年，东莞一家工厂生产了 1300 多万只小猪佩奇系列玩偶，创下这家企业的产量新纪录，该公司于 2014 年与《小猪佩奇》IP 授权商签订协议，获得独家授权开始在中国市场生产小猪佩奇系列毛绒玩偶，中国市场上所有的小猪佩奇毛绒玩偶都来自这家公司。

2018 年，一句“小猪佩奇文上身，掌声送给社会人”引爆了大江南北，通过快手、抖音、微博和朋友圈的迅速传播，《小猪佩奇》的 IP 授权辐射到了整个年龄层，从此不再是儿童的专利。小猪佩奇的奶糖手表风靡成年人群体，似乎身上没有小猪佩奇就不是“社会人”。

《小猪佩奇》在国内火起来的过程大约分为以下几个步骤：

- 电视台和网络平台广泛播出动画片《小猪佩奇》，占领儿童群体。
- 社交平台话题炒作，吸引成年人注意。
- 短视频平台话题炒作，完成话题引爆。
- 火起来之后迅速进行合作授权变现。
- 通过小视频、表情包、各类衍生品进行二次制作加速传播。

从进入中国到现在才短短几年时间，《小猪佩奇》就成为全国上下追捧的 IP 新星，但是我们应该看到的是《小猪佩奇》的核心竞争力——经过十几年沉淀出来的 200 多集质量过硬的动画片内容，不管如何炒作和营销，如果没有坚实的内核是没有办法实现最终的爆发的。2019 年 8 月，美国著名玩具和 IP 公司孩之宝以 33 亿英镑，约 286 亿元收购《小猪佩奇》母公司 eOne，成为轰动整个授权行业的历史性事件。2020 年 4 月 1 日，孩之宝宣布与 eOne 消费品团队合并成为一个完整的大中华区授权团队。自此开始，关于《小猪佩奇》的授权合作可以与孩之宝进行沟通和联系。

065

精灵宝可梦：全球最赚钱的 IP

精灵宝可梦（Pokemon）诞生于日本，曾经被译成口袋妖怪、宠物小精灵、神奇宝贝、数码宝贝等。后来正式确定官方中文名称为精灵宝可梦。精灵宝可梦是由日本游戏公司 Game Freak 创始人田尻智先生于 1995 年开发的，1996 年日本著名游戏公司任天堂株式会社根据原型在掌上型游戏机 Game Boy 上推出了游戏《精灵宝可梦》。在一众精灵宝可梦里，最受大家喜欢和被大家熟知的是皮卡丘。

1997年，由《精灵宝可梦》游戏改编的《精灵宝可梦》系列动画片上映发行，讲述了立志成为宝可梦训练大师的少年小智和他的第一只宝可梦，也是最好的朋友皮卡丘一起踏上旅程，与宝可梦们经历了种种冒险和成长的故事。《精灵宝可梦》系列动画片按照播出时间有《精灵宝可梦：无印篇》《精灵宝可梦：超世代》《精灵宝可梦：钻石与珍珠》《精灵宝可梦：超级愿望》《精灵宝可梦XY》《精灵宝可梦：太阳·月亮》六部，现共播出动画片超过900集。

除了游戏、动画、漫画等多种表现形式，2019年上映的首部好莱坞皮卡丘真人版大电影——《大侦探皮卡丘》，当年在全球拿下4.33亿美元的票房，掀起一波品牌热潮，成为游戏IP改编电影取得成功的又一案例（另一个游戏IP改编电影的成功案例是《魔兽世界》）。

精灵宝可梦版权方会做很多的线下活动，如每年8月在日本横滨举办的大游行活动。2018年精灵宝可梦游行活动场面盛大，1500只精灵宝可梦闪亮登场，让全球的粉丝和媒体为之惊叹。游客将游行的视频上传到抖音后，最高点赞量达到百万之多，引发网友热议。

精灵宝可梦中文官网已于 2017 年年底正式开通上线，涵盖了与之相关的电视动画、电影、商品、App、游戏、卡牌游戏及活动七大板块，并于 2018 年 9 月正式开通了宝可梦图鉴板块，打造中国粉丝专属的阵地和平台。

诞生 20 多年以来，精灵宝可梦成为世界上赚钱最多的 IP，2019 年维基百科和三文娱的新闻调查数据显示，精灵宝可梦总收入累积达到 950 亿美元，其中，衍生品收入 641 亿美元，电子游戏收入 171 亿美元，电影票房累积收入 17.6 亿美元，漫画和家庭娱乐方面的收入约 23 亿美元，在全球有将近 600 家被授权商。可以说，精灵宝可梦是一个“万能吸金王”，成为全球范围内 IP 打造者学习和追捧的榜样。

目前，精灵宝可梦在中国签署的官方代理公司，分别是阿里鱼和优扬传媒，如果中国企业希望与之合作，可以联系上述两家公司。另外，日本的授权商对于商务合作都比较谨慎，对被授权商的考核也相对比较严格。

066

Line Friends：衍生品做得最好的社交 IP

Line Friends（简称 LF）卡通形象诞生于 2011 年，其母公司是韩国互联网集团 NHN，该公司的日本子公司 NHN Japan 推出一款聊天软件叫作 Line，而 LF 则是这款聊天软件的表情包家族成员，目前共有 11 个形象，其中布朗熊、丘可熊、莎莉、可妮兔等广受粉丝喜爱。Line 的功能和中国的微信相似，在日本及中国台湾地区的使用量相对较多。2014 年一部大火的韩剧《来自星星的你》将 Line 和 LF 带到更多人的眼前。

虽然 Line 在全球社交软件中排名并不是前三位的，但它却是在社交平台里打造 IP 和衍生品方面做得最强的。也许很多人并不知道 Line 软件，但是看到可爱的 LF 产品，就会对其产品动心。LF 产品主要包括数码产品、时尚产品、生活萌物、毛绒玩具、软萌玩具、文具纸品等众多品类。首尔、东京、纽约、中国香港、上海等地都有 LF 的线下店铺，同时在不少国家也有线上商城，LF 每年都会推出各种各样的周边产品，衍生品的开发总数已经将近 7000 款。其衍生品的价位与常规的产品相比略高一些，适合一二线城市具有一定消费能力的女士购买，也有很多明星成为 LF 的粉丝。

LF 开拓了很多授权业务，与多个知名品牌进行了签约合作，包括优衣库的联名款 T 恤、洁丽雅的毛巾、九阳小家电、长亿毛绒、京东商城、施华洛世奇饰品、谜尚化妆品、新秀丽行李箱等——从服装到文具，从美妆到时尚类产品，应有尽有。

LF 在中国的第一家线下实体店（Line Friends Cafe and Store）于 2015 年落户上海新天地，后续又陆续在全国开了十几家店铺，当时可谓风光无限，无数粉丝要排队才能进店。店铺最明显的标志就是那只非常高大的布朗熊大公仔，足足有两三米高，几乎每一位来到现场的人都要与之合影，除了打卡的场景，店铺里可爱的产品琳琅满目，让人目不暇接。2020 年暑期，LF 在上海与豫园开展了深度合作，除了美陈展和主题活动，还持续推出了相关产品，吸引了一大批游客的关注。

随着 LF 店铺的扩张，其运营成本也逐年上升，尤其现在线下实体经济的发展也受到一定因素的限制，LF 在 2019 年陆续关闭了国内几家线下实体店。

LF 在中国开设了公司，中文名字是连我（上海）商贸有限公司，如果被授权商有意向与 LF 形象合作，可以直接通过网站或电话联系。

067

泰迪珍藏：国内授权行业的耀眼明星

泰迪珍藏（Teddy Bear Collection）来自中国本土品牌授权模式的开创者——上海天络行品牌管理股份有限公司（简称天络行），该公司创立了适合中国市场的全新品类授权模式，是国内专业的品牌授权管理公司。一百多年来，泰迪熊毛绒玩具作为人们童年纯真记忆里的组成部分，得到大众的珍视和喜爱，成为人们传递情感最贴近的载体。随着世界各地对于泰迪熊文化的大推广，守护陪伴的爱这一主题越来越被推崇。

泰迪珍藏的主角是一只可爱的小泰迪熊，于 2014 年正式进入授权市场，历经 5 年的发展，2019 年实现商品零售市场规模超 18 亿元。近年来泰迪珍藏延展的商品有 1500 个产品（SKU），对外发放超过 1000 万个防伪标签。目前泰迪珍藏在中国的授权商已超过 100 个，与各个行业的优秀合作伙伴屡创销售奇迹。

泰迪珍藏主要依靠优秀的产品设计进入授权行业，并取得了令人瞩目的成绩。2018 年 11 月，天络行开始铺设泰迪珍藏珠宝店，目前在全国已突破 120 家。天络行与中国工商银行达成密切的合作，开发了“泰迪小音箱+首饰盒+纯金泰迪吊坠”系列产品，获得了消费者的一致喜爱，经过 4 个月的销售，实现销量 15 万个，总销售额近 1.5 亿元。天络行与招商银行开展了信用卡方面的合作，推出了以泰迪珍藏为主题的信用卡，2018 年发卡超过 30 万张，位居当年 IP 信用卡发行量前列，第二年全年开卡数量达到 50 万张，又创造了一个开卡的纪录。天络行自 2019 年与亚特兰蒂斯及青岛啤酒博物馆合作的泰迪珍藏主题店获得好评后，又计划于 2020 年在黄山、泰山、长隆度假区、东方明珠、西溪湿地等超过 10 个著名景点开设景点限定泰迪珍藏专卖店。

2019 年 9 月，天络行陆续与热门电影进行跨界合作，与电影《攀登者》和《唐人街探案》联合开发的泰迪熊在市场上取得巨大成功。其中，《攀登者》主题盲盒与呷哺呷哺展开换购合作，20 天内售出 25 万件，总计销售额为 1250 万元且产品全部售罄。之前的成功让天络行找到了泰迪珍藏的发展方向，它会继续与明星、电影、景点、艺术家之间进行跨界合作，持续扩大其影响力。2020 年天络行与多部热播电影合作的泰迪盲盒将陆续与大家见面。

天络行也十分关注公益。在新冠疫情防控期间，其于 2020 年 3 月推出了以泰迪珍藏为主题的免洗洗手液，宣扬保护动物的理念；2020 年 4～6 月，其联合十大厂家与动物保护协会合作，继续推出相关产品。

2019 年，泰迪珍藏荣获第四届玉猴奖年度十大最具商业价值动漫 IP；同年，美国 *License! Global* 期刊发布 2019 Top150 全球授权商排行榜，天络行以年度零售额 2.1 亿美元，入围第 109 名，成为中国排名第三的上榜企业。在 2020 年 Top 150 全球授权商排行榜上，天络行以年度零售额 2.57 亿美元上升到第 94 名。

第六部分

附录：IP授权必备知识清单

068

IP 品牌授权行业词汇中英文对照表

IP 品牌授权行业必备 100 词汇中英文对照表（按照汉语拼音排序）

1. 版税：Royalty

2. 版税税率：Royalty Rate

3. 保底：Minimum Guarantee（MG）

4. 保密协议：Non-Disclosure Agreement（NDA）

5. 被授权商：Licensee

6. 标志：Logo

7. 《伯尔尼公约》：*Berne Convention*

8. 博彩/彩票：Casino Gaming/Lotteries

9. 参观者：Visitor

10. 草坪花园工具：Lawn/Garden/Tools

11. 产品样品：Product Sample

12. 宠物用品：Pet Products

13. 出版：Publishing

14. 促销：Promotion

15. 代理商：Agent

16. 盗版：Pirate

17. 电视广告：Television Commercial（TVC）

18. 电影：Movie/Film

19. 动漫游戏：Animation/Comics and Games（ACG）

20. 动漫游戏小说：Animation/Comics and Games/Novels（ACGN）

21. 动作角色扮演类游戏：Action Role Playing Game（ARPG）

22. 独家：Exclusive

23. 防伪标：Anti-Fake Label

24. 非独家：Non-Exclusive

25. 非营利：Non-Profit

26. 风格指南：Style Guide

27. 服饰：Apparel and Accessories

28. 服务：Service

29. 国际授权业协会：Licensing International

30. 合同：Contract

31. 经销商：Distributor

32. 家庭用品：Houseware

33. 家用电子产品：Consumer Electronics

34. 家装：Home Decoration

35. 健康与美妆：Health and Beauty

36. 库存量单位：Stock Keeping Unit（SKU）

37. 跨界：Cross-over

38. 礼品：Gift

39. 礼赠品：Premium

40. 利润：Profit

41. 联名：Co-Branding

42. 零售商：Retailer

43. 零售收入：Retail Revenue

44. 马德里体系： Madrid System

45. 买家：Buyer

46. 名人：Celebrity

47. 内容产品：Content Product（CP）

48. 潘通色：Pantone

49. 票房：Box Office

50. 品牌：Brand

51. 企业品牌：Corporate Brand

52. 汽车配件：Auto Part

53. 渠道商：Distributor

54. 软件：Software

55. 商标：Trademark

56. 商业计划书：Business Plan（BP）

57. 设计样本：Demo

58. 时尚：Fashion

59. 实体：Location Based Event

60. 食品饮料：Food and Beverage

61. 世界知识产权组织：World Intellectual Property

Organization（WIPO）

62. 视频游戏：Video Game

63. 手办：Figure Toy（Art Toy）

64. 授权：Licensing

65. 授权期限：Term

66. 授权区域：Territory

67. 授权商：Licensor

68. 授权商品：Licensed Merchandise

69. 体育用品：Sporting Goods

70. 条款：Clause

71. 投入产出比：Return on Investment（ROI）

72. 图库：Guide/Bible

73. 玩具：Toy

74. 线下实景娱乐体验：Location-Based Entertainment（LBE）

75. 协议备忘录：Deal Memo

76. 鞋类：Footwear

77. 形象：Character

78. 艺术：Art

79. 音乐：Music

80. 婴童：Infant

81. 营销基金：Marketing Fund

82. 营业额：Turnover

83. 影视：Film and Television

84. 应用程序：App

85. 硬件：Hardware

86. 娱乐：Entertainment

87. 预付金：Advance

88. 院校：College

89. 运动：Sport

90. 展会：Fair/Exhibitionism/Expo

91. 展位：Booth

92. 知识产权：Intellectual Property（IP）

93. 纸质品：Paper Product

94. 终止：Termination

95. 珠宝：Jewellery

96. 主题展：Themed Show/Exhibition

97. 主被授权商：Master Licensee

98. 著作权：Copyright

99. 专利：Patent

100. 转授权：Sub-Licensing

069

IP 品牌授权行业推荐图书清单

1. 殷俊、谭玲：《动漫产业》，四川大学出版社 2009 年版。

2. 李四达：《迪士尼动画艺术史》，清华大学出版社 2009 年版。

3. 李儒奇、蔡大明：《动漫中的“金蛋”》，中国经济出版社 2010 年版。

4. 艾·里斯、杰克·特劳特：《定位》，机械工业出版社 2011 年版。

5. 增田弘道：《日本动漫产业的商业运作模式》，龙门书局 2012 年版。

6. 宋磊：《卡通形象营销学》，华东师范大学出版社 2014 年版。

7. 吴声：《超级 IP：互联网新物种方法论》，中信出版社 2016 年版。

8. 韩布伟：《IP 时代：从 0 到 1 打造超级 IP》，中国铁道出版社 2016 年版。

9. 王世颖：《引爆 IP：影游漫文超级 IP 打造之道》，人民邮电出版社 2016 年版。

10. 韩布伟：《泛娱乐战略》，北方妇女儿童出版社 2016 年版。

11. 余春娜、孔中：《动漫产业分析与衍生品开发》，清华大学出版社 2016 年版。

12. 秦阳、秋叶：《如何打造超级 IP》，机械工业出版社

2016 年版。

13. 旭阳咨询：《超级 IP 打造：互联网创业新方法》，电子工业出版社 2017 年版。

14. 日本熊本县政府酷 MA 萌团队：《酷 MA 萌的秘密》，北京出版社 2017 年版。

15. 赛丹杰、格里高利・巴特斯比：《品牌授权原理》，清华大学出版社 2017 年版。

16. 陈巧燕、不花公子：《泛娱乐营销：IP 化运营之路》，电子工业出版社 2018 年版。

17. 李婷（Kris）：《品牌营销 100 讲》，机械工业出版社 2019 年版。

18. 陈格雷：《超级 IP 孵化原理》，机械工业出版社 2020 年版。

致 谢

感谢您的耐心阅读，也恭喜您迈入中国授权行业的大门。虽然授权模式出现已经将近 100 年了，但是中国的授权行业是在2000年开始才正式起步的，自2015年IP概念火热之后，授权业务如雨后春笋一般涌现。大浪淘沙，热潮过后能留下的才是真正有价值的 IP。回忆起这些年在授权行业里的摸爬滚打，我很庆幸，自己见证了授权行业的兴起。

本书涉及的大多是比较基础的授权知识点，虽然授权模式是从国外引进的，但是相信中国人民通过自身的改革和发展，能让授权模式走出一条具有中国特色的道路。中国的 IP 授权之路，希望由中国的授权行业人才共同努力开拓。

在本书的写作过程中，感谢国内的 IP 企业和相关机构协助提供大量的专业数据，也感谢行业前辈提供的建议，正是因为你们的支持和帮助，这本书才得以最终面世。特别感谢中国授权行业的开拓者于仁国老师对于本书的指导和建议。感谢电子工业出版社各位领导和杨雅琳编辑对本书提供的帮助。

感谢一路走来相互认可与相互扶持的每一位！

从准备到落笔，前后历经两年时间，又在新冠疫情期间集中写作了六个月，每每都要熬到半夜才能休息，终于完成了这本 IP 授权商业化基础知识普及读本。与国内那些经验丰富的前辈比起来，我也只是 IP 授权道路上的一个新人，将自己几年的所见所闻整理记录，用自己的理解写出来，虽然不是很完备，但也算是尽了自己的心力，希望未来能与更多的同行业者一起努力，继续完善中国授权行业的知识体系；也希望本书能为初入授权行业的兄弟姐妹们提供一些参考和帮助，每思及此，我倍感欣慰。

在此，特别感谢魔豆投资、SMART 度假产业智慧平台、清华大学文化创意发展研究院、博鳌文创院、国际授权业协会、中国玩具与婴童用品协会、新文创商学院、北京动漫游戏产业协会、北京市海淀区文化创意产业协会、北京数字创意产业协会、北京梦之城文化有限公司、圆梦筑成（天津）动漫科技有限公司、趁早（北京）科技有限公司、思创客品牌咨询、熊猫传媒、北京设计学会、智间网络萌芽熊团队、广州童飞天使同萌团队、苏州大禹一禅小和尚团队、分子互动非人哉团队、盒成动漫张小盒团队、大连糖人家妖怪名单团队、张少杰工作室皮揣子团队、寒木春华罗小黑团队、天络行泰迪珍藏团队、西安桥合动漫唐妞团队，以及京东京纪圈等同仁对本书的大力支持。

最后要感谢的是一直陪在我身边支持我、鼓励我、包容我的家人和朋友们！

IP
CASES

回家

马上要过年了，回老家爹妈又要问东问西，想想都烦。
没关系，我给你个好东西
来包彩虹糖吧，春节回家保证你战斗力爆表！
哦哦哦！感觉什么东西呼之欲出！
闪亮登场！
嘭！
呦呦，这下过年回家我再也不愁，我一个beat就让老爸两眼泪流……
爸！我回来……哎？！
来的正好，你爸我正在打扫。
行李放下别跑，别再整啥花里胡哨。
什么情况？！你也吃了彩虹糖吗？！

唱所欲言

我的小乖你别再耍赖，你爹我一年三百六十五天都在等待！
乖乖站好，老实交代，今年安排你的相亲为啥全都失败？！
知道你是我的老爸不是我的老板。
好不容易回来一次非要跟我叫板？
小二百岁的我头发就快掉完，爱情和工作都没那么简单。
一小时后。
一年到头全家见面不过只有几天，真不想把时间都浪费在咱俩拌嘴上面。
想讲的想唱的我都已经说完……平时沉默就是怕你担心我过的太惨。
是我亲爹就请别再继续和我掰头，坐在一起看个电影就是我全部要求！Peace！
九月……你……
你好厉害啊，闺女！一套一套的，是不是天天在家偷偷练啊？
这爷俩干嘛呢？闹腾一下午了也不知道过来帮我做个菜……
哈哈哈，没有啦！吃点彩虹糖，我还可以再说俩小时哈哈哈~

浪潮系列
联名滑板
不畏挫折 不惧挑战
牛气
冲天

招福
招财

迎着风，走下去
HUILI X LITTE MONK YIHCAN
NICE TO MEET YOU

IP CASES

百变泰迪
OVER 100 VARIETY
OF TEDDY IMAGE
©2020 SKYNET CORP. ALL RIGHTS RESERVED.

有 创
趣 意
CREATIVITY
Ovaltine
阿华田
特浓可可
Teddy
©2020 SKYNET CORP. ALL RIGHTS RESERVED.

Teddy Bear
Collection
萌 爱
CUTE

T.B.C
潮 时
流 尚
FASTER STRONGER TEDDY TEAM FASTER STRONGER TEDDY TEAM
TEDDYBEAR COLLECTION
TRENDY
©2020 SKYNET CORP ALL RIGHTS RESERVED.

Dream Castle

IP
CASES

知足常乐
中秋
ZHI ZU
CHANG LE
联名礼盒
山海中秋夜
有你月更圓

1
3

WE ONLY MADE
OUTSTANDING
FASHION
WORKS
AND
SWEET
DREAMS
WORLD
LITTLE
MY
KEEP DREAM

IP CASES